Michel Roux

Süßes

150 TÖRTCHEN UND DESSERTS

UMSCHAU

Hinweis

Sofern nicht anders angegeben, sind die Masse der Löffel wie folgt: 1 TL = 5 ml, 1 EL = 15 ml.

Wo die Größe der Eier wichtig ist, ist sie angegeben. Sonst benutzt man am besten mittelgroße Eier aus Bio- oder Freilandhaltung. Schwangere oder andere gefährdete Personen sollten Rezepte mit rohem Eiweiß oder nur kurz gegartem Ei vermeiden.

Wenn möglich und nicht anders angegeben, frische Kräuter, Meersalz und frisch gemahlenen schwarzen Pfeffer benutzen.

Wird die abgeriebene Schale von Zitrusfrüchten verarbeitet, möglichst ungewachste Bio-Produkte verwenden.

Die genannten Zeiten beziehen sich auf Heißluftbacköfen. Bei Backöfen mit Ober- und Unterhitze die Temperatur um 15 °C erhöhen (bei Gas um 1 Stufe). Die Backofentemperatur mit einem Thermometer kontrollieren.

Cheflektorin: **Anne Furniss**
Kreativdirektorin: **Mary Evans**
Projektkoordination: **Janet Illsley**
Übersetzung: **Sally Somers**
Fotografie: **Martin Brigdale**
Produktion: **Leonie Kellman**

First published in 2011 by
Quadrille Publishing Limited
Alhambra House
27–31 Charing Cross Road
London WC2H OLS
www.quadrille.co.uk

Titel der Originalausgabe: Desserts

Fotografie: Martin Brigdale

Übersetzung aus dem Englischen: Birgit van der Avoort, Havixbeck

Lektorat: Christine Rubick, Neustadt/Weinstraße

Herstellung: Tatjana Beimler, Neustadt/Weinstraße

Satz: komplus GmbH, Heidelberg

ISBN 978-3-86528-736-6

Printed in China

Besuchen Sie uns im Internet:
www.umschau-buchverlag.de

Einleitung 6
Fruchtdesserts 18
Cremes & Zabaiones 54
Heiße Soufflés & Süße Puddings 82
Crêpes, Teigtaschen & Beignets 106
Eiscremes, Sorbets & Granitas 124
Biskuits & Baisers 144
Mousses, Parfaits & Bayerische Cremes 170
Tartes & Pies 200
Kuchen & Torten 230
Pralinen & Gebäck 252
Grundlagen 270
Glossar 282
Register 284

Einleitung

In den letzten Jahrzehnten ist gerade bei Desserts eine starke kreative Entwicklung zu beobachten. Die Handvoll führender Meister ihres Fachs brauchten jedoch einige Zeit, um zu erkennen, dass ihre Arbeit nicht mit dem Tempo der kulinarischen Welt Schritt hielt. Aber es hat sich viel geändert ... und zwar zum Besseren.

Was meine eigenen Kochkünste angeht, so bin ich immer an Neuerungen interessiert gewesen. Eine meiner Lieblingskreationen im Waterside Inn ist unser unnachahmliches „Péché Gourmand" (Ein Teller voller Sünde), das aus mehreren Mini-Desserts besteht, die nach Jahreszeit variieren. Es ist seit mehr als 20 Jahren auf der Speisekarte zu finden. Hier wurde die Einfachheit optimiert und der Stil minimiert, getreu dem Konzept, dass weniger mehr ist.

Desserts sollten nie als Stiefkinder der Küche gesehen werden. Ich möchte Ihnen zeigen, dass genau das Gegenteil der Fall ist. Deshalb stelle ich Ihnen in diesem Buch eine wundervolle Auswahl an Desserts vor, die sowohl einfache und leichte, aber auch höchst verführerische und luxuriöse Varianten umfasst.

Früchte spielen die Hauptrolle, während Zucker, Sahne und Butter nur in Maßen eingesetzt werden. Ich verwende verschiedene Kräuter und Aromen – Rosmarin, Thymian, Lorbeer, Basilikum, Lavendel usw. – und Gewürze – Muskat, Sternanis, Gewürznelke, Ingwer und Zimt –, um den Geschmack zu betonen oder zu intensivieren. Wie immer steht meine Pfeffermühle griffbereit und kommt regelmäßig zum Einsatz. Der Pfeffer gibt Melone, Papaya und Erdbeeren eine würzige Note und ist gesünder als Zucker.

Ich habe mich nicht von meinen klassischen Rezepten abgewendet, sondern sie stetig weiterentwickelt und modernisiert, sofern ich einen Vorteil darin entdecken konnte. Ich habe neue Harmonien sowie neue Kombinationen von Farben, Aromen und Texturen geschaffen, genau wie ich das auch beim Kochen tue.

Die erlesene Qualität der Fotografien in diesem Buch – aufgenommen von meinem Freund, dem Kunstfotografen Martin Brigdale – setzt jedes Dessert glanzvoll in Szene. Die Fotografien sollen Vertrauen geben beim Nachkochen der Rezepte.

Zutaten

Eier Ich verwende immer Eier von frei laufenden Hühnern in Bio-Qualität, möglichst von kleinen Hühnerbauern, deren Hühner im Freien gehalten werden. Eier aus dem Supermarkt tragen einen Stempel mit dem Legedatum. Verwenden Sie ganz frische Eier innerhalb der Mindesthaltbarkeitszeit. Eier vom Bauernhof sollten Sie im Karton aufbewahren, auf dem das Legedatum gedruckt ist. Ich verwende in meinen Rezepten mittelgroße Eier, die zwischen 55 und 60 Gramm wiegen. Nehmen Sie die Eier mindestens 1 Stunde vor der Verarbeitung aus dem Kühlschrank, damit sie Zimmertemperatur haben. In vielen Nachspeisen werden rohe oder nur kurz gekochte Eier verwendet. Diese Eier sollten unbedingt ganz frisch sein.

Butter Ich bevorzuge ungesalzene Butter zum Kochen. „Trockene Butter" mit weniger als 16 % Wassergehalt liefert die besten Ergebnisse. Probieren Sie die Butter vor Gebrauch, um sicherzugehen, dass sie frisch und nicht ranzig schmeckt. Wenn Sie ein geöffnetes Päckchen Butter im Kühlschrank lagern, verliert die Butter an Geschmack.

Mehl Am liebsten verwende ich Bio-Mehl von guter Qualität. Meist nehme ich ein französisches weißes Mehl Type 405, das feiner ist als Type 505 und sich für Desserts perfekt eignet. Es ist bei spezialisierten Anbietern (auch online) erhältlich. Da Feuchtigkeit Gift für jedes Mehl ist, sollten Sie es trocken aufbewahren, am besten in einem luftdichten Vorratsbehälter.

Zucker Für die meisten Nachspeisen nehme ich feinen Streuzucker, wenngleich auch Puderzucker und feiner brauner Zucker bei mir Verwendung finden. Beide werden etwa zum Karamellisieren der Kruste einer Créme brûlée verwendet. Nach Öffnung der Packung empfiehlt es sich, den Zucker in einen luftdichten Vorratsbehälter zu füllen, da er sonst Klumpen bildet. Zucker mag keine Feuchtigkeit. Ich verwende nie mehr Zucker als im Rezept angegeben. Zu süße Desserts sind ungesund und schmecken niemals wirklich gut.

Gelatine Je nach Hersteller wird Gelatine unterschiedlich steif. Ich verwende und empfehle nur bronzefarbene Gelatineblätter, die 4 Gramm wiegen. Nehmen Sie immer nur die angegebene Menge, um eine weichschmelzende Konsistenz zu erreichen. Blattgelatine muss vor der Verarbeitung eingeweicht werden: Dazu die Blätter für etwa 5 Minuten in eine flache Schüssel mit kaltem Wasser einweichen, die weichen Blätter gut ausdrücken (siehe Abbildung rechts) und in die Mischung einrühren. Diese sollte möglichst heiß sein, damit die Gelatine sich vollständig auflöst.

Schokolade Ich verwende nur beste dunkle Schokolade (möglichst Valrhona) mit mindestens 70 % Kakaoanteil, oder Kuvertüre mit maximal 76 % Kakaoanteil. Ist der Anteil höher, so finde ich den Geschmack unangenehm bitter. Kuvertüre ist in Würfeln und Riegeln oder geraspelt erhältlich. Schokolade oder Kuvertüre können am besten über dem Wasserbad geschmolzen werden. (Oder in einer feuerfesten Schüssel über einem Topf mit leicht siedendem Wasser. Dabei darauf achten, dass die Schüssel nicht den Topfboden berührt!) Kuvertüre oder Schokolade sollten nicht über 50–55 °C erhitzt werden. Geschmolzene Kuvertüre bzw. Schokolade zur weiteren Verarbeitung auf 28–32 °C abkühlen lassen. Kuvertüre wird zum Glasieren und Dekorieren verwendet, aber auch zur Pralinenherstellung und für viele Schokoladendesserts.

Flüssige Glukose Sie ist ein reines Polysaccharid und besteht zu einem Teil aus Mais- oder Kartoffelstärke. Sie hat eine sirupartige Konsistenz und im Gegensatz zu Zucker kristallisiert sie nicht. Ich verwende sie für Zuckersirup (Seite 275) oder für Italienisches Baiser (Seite 152). Flüssige Glukose stabilisiert und verbessert die Textur und ist daher bei Konditoren allgemein beliebt.

Zitrone Sie ist für mich die Königin der Zutaten. Zitronensaft erweckt Aromen zum Leben, verhindert die Oxidation von Früchten wie Pfirsichen, Birnen u. Ä. und ist unglaublich vielseitig. Sie steckt voller Vitamin C. Zum Aromatisieren und zum Dekorieren verwende ich häufig abgeriebene Zitronenschale oder schäle die Frucht – die Schale verarbeite ich pur oder kandiert. Um so viel Saft wie möglich aus der Frucht zu pressen, erhitze ich die Zitrone 20 Sekunden in der Mikrowelle und rolle sie ein paar Mal über die Arbeitsfläche. Erst dann halbiere ich sie und presse sie aus. Wenn Sie abgeriebene Zitronenschalen oder Schalen von anderen Zitrusfrüchten verarbeiten, sollten Sie ausschließlich ungewachste Bio-Früchte verwenden.

Kräuter und Gewürze Kräuter und Duftkräuter wie Minze, Rosmarin, Basilikum, Estragon, Koriander, glatte Petersilie, Lorbeer, Lavendel und Zitronengras werten jedes Fruchtdessert extrem auf und bringen den Charakter der Frucht voll zur Geltung. In gleicher Weise können auch Gewürze wie Sternanis, Vanille, Muskat, frisch gemahlener Pfeffer, Gewürznelken, Viergewürz (bestehend aus weißem Pfeffer, getrocknetem Ingwer, Muskat und Gewürznelken), Cayennepfeffer, Zimt und Ingwer sparsam verwendet werden, um dem Gericht ein besonderes Aroma zu verleihen.
Stevia ist eine krautige Pflanze mit enormen Potenzial: Es gibt weit über 150 verschiedene Arten und sie alle enthalten natürliche Süßstoffe. Dieser neue „Zucker" hat eine 200-fach größere Süßkraft als Zucker und hat bemerkenswerterweise keine Kalorien. Angeboten werden die Blätter in einigen Teilen Europas, besonders in der Schweiz, doch auch in Pflanzenform ist die Stevia anzutreffen. Sollten Sie das Kraut in einem Gartencenter entdecken, rate ich Ihnen, eine Pflanze zu kaufen. Die Blätter können Sie nach Bedarf pflücken und verarbeiten – schon 2–3 Blätter sind ausreichend für einen Obstsalat für 8 Personen.

Waagen und Messgeräte Für gelungene Desserts müssen die Zutaten genau abgemessen werden. Daher benötigen Sie eine gute Waage oder Digitalwaage, sowie Messlöffel und einen Messbecher. Mit einem Backofenthermometer können Sie die Temperatur von Saucen wie etwa Zabaiones kontrollieren.

Töpfe und Pfannen Hochwertige strapazierfähige Töpfe sind eine sinnvolle Investition, denn sie halten ein Leben lang. Ich benutze Töpfe der Marke All-Clad, mit denen sich hervorragend arbeiten lässt. Eine gute mit Teflon beschichtete Pfanne ist zum Backen von Crêpes unentbehrlich.

Messer Auch ein gutes Messerset und ein funktionierender Messerschärfer sind nützliche Anschaffungen. Ich empfehle Messer von Global. Zum Verstreichen von Massen und Heben von Gebäck und Baiser etc. ist eine Streichpalette unerlässlich.

Kleine Elektrogeräte Die Küchenmaschine übernimmt das anstrengende Schlagen – von Baiser, Rührteigen etc. – und ein Standmixer ist hilfreich, um Fruchtsaucen und Saucen zu pürieren. Auch ein Stabmixer ist praktisch. Eine Eismaschine benötigen Sie, um Eiscremes oder Sorbets herzustellen.

Schneebesen, Spatel und Löffel Ein klassischer langstieliger Schneebesen mit einem handlichen Griff wird zum Schlagen von Eiern, Soufflés, Saucen etc. verwendet. Ein Handmixer spart Arbeit, obwohl ich für die meisten Arbeiten den Schneebesen bevorzuge. Sie brauchen unbedingt einen Holzspatel und einen Holzlöffel mit einem langen Griff, um cremige Massen über Hitze zu schlagen, sowie einen Teigspatel, um luftige Massen zu mischen.

Seiher und Siebe Zum Seihen ist ein Spitzseiher mit Lochung, auch als Chinois bekannt, sehr nützlich. Ein sehr feinmaschiges Spitzsieb, ein Chinois fin, können Sie verwenden, wenn etwas sehr fein gesiebt werden muss. Meist reicht zum Sieben ein rundes Haarsieb.

Backformen und Backbleche Ein paar Backbleche, eine Auswahl an Ringformen und/oder Ringformen mit herausnehmbarem Boden (20 cm, 22 cm und 23 cm), einige Springformen und/oder Springformen mit herausnehmbarem Boden (20 cm und 23 cm), sowie einige Metallringe (5–8 cm) sind ausreichend. Dazu 1–2 Kastenformen und ein Set von Becherförmchen.

Sonstiges Zur weiteren Grundausstattung gehören Zestenschneider, Reibe, Schöpfkelle, großer Metalllöffel, Schaumlöffel, Backpinsel, Hand-Gasbrenner, Eisportionierer, Edelstahlschüsseln in unterschiedlichen Größen, Pie-Formen, Tartelette-Förmchen, kleine Auflaufförmchen, Auflaufformen, Puddingschüsseln und eine Auswahl an Souffléformen.

Filetieren von Zitrusfrüchten

Schnitze und Scheiben von Zitrusfrüchten, etwa von Orangen oder Grapefruits, sind eine hübsche und einfache Dekoration für vielerlei Desserts und sind einfach vorzubereiten.

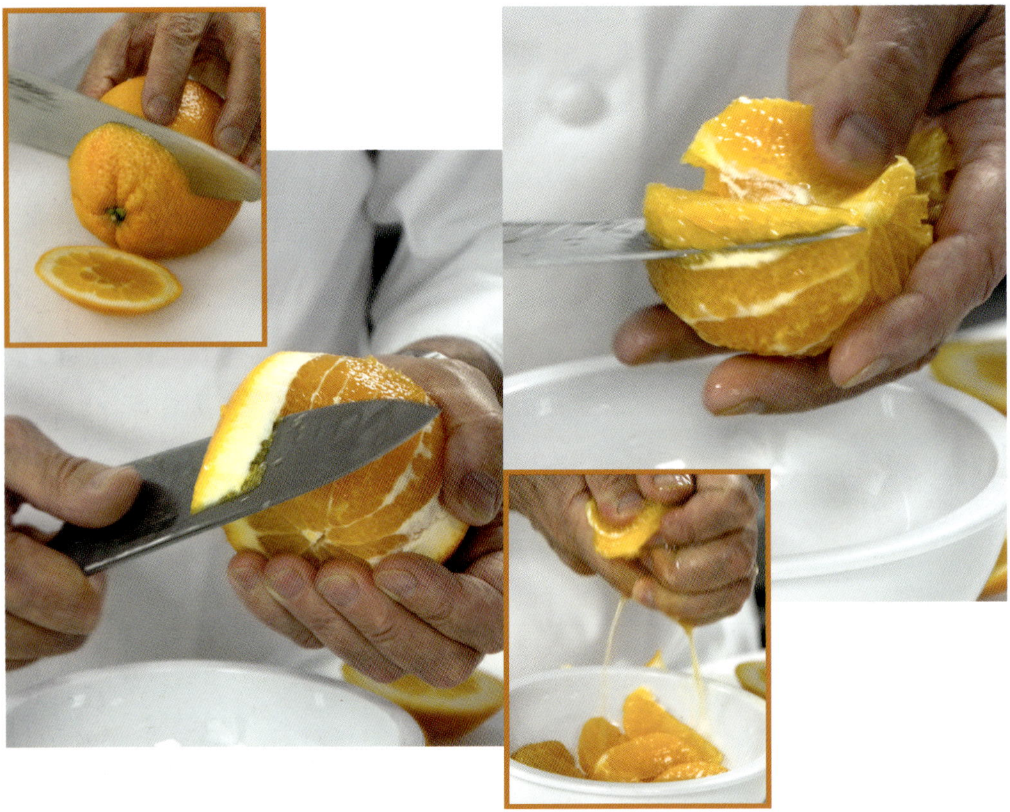

Mit einem scharfen Messer eine dicke Scheibe vom oberen und unteren Ende der Zitrusfrucht abschneiden. Die Frucht über einer Schüssel auspressen, um den Saft aufzufangen. Anschließend die Zitrusfrucht vom oberen Ende in dicken Streifen schälen, dabei auch die weiße Haut entfernen. Die Filets aus den Trennhäuten herausschneiden und in die Schüssel geben. Nachdem alle Filets herausgelöst sind, den restlichen Saft aus den Trennhäuten pressen.

Trocknen von Früchten

In dünne Scheiben geschnittene Früchte – etwa Ananas, Apfel oder Birne – können im Backofen getrocknet werden, bis sie schön knusprig und fast durchscheinend sind. So lassen sich daraus schöne Dessert-Dekorationen zaubern. Brombeeren und Himbeeren können ebenfalls im Backofen getrocknet werden. Dazu die Beeren vierteln und bei geringer Hitze 6 Stunden im Backofen trocknen lassen. Die getrockneten Beeren zerstoßen und über Mousses o. Ä. streuen.

Für die Zubereitung von Ananasscheiben das obere und untere Ende der Frucht abschneiden, Ananas gerade hinstellen und schälen. Nun mit einem Messer den inneren Strunk herausschneiden. Frucht auf die Seite legen und mit einem scharfen Messer vorsichtig in sehr feine Scheiben schneiden. Die Scheiben auf ein mit Backpapier ausgelegtes Backblech legen und gleichmäßig mit Puderzucker bestäuben. Backofen auf 90 °C erhitzen (Gas Stufe ¼) und die Ananasscheiben 2–3 Stunden trocknen lassen, bis sie schön knusprig sind und aromatisch duften.

Jede Jahreszeit hat ihre Früchte, die uns mit ihren Farben, Formen und Düften verführen. Ich liebe es, Früchte in meinen Desserts zu verarbeiten – entweder roh in ihrer natürlichen Form, aber auch gedünstet, gebacken oder gegrillt. Sie stecken voller Vitamine und tun uns gut. Man kann nie genug von ihnen essen. Bevor Sie eine Frucht verarbeiten, sollten Sie sie roh probieren. Ist sie schön reif, wird sie saftig, köstlich und vor allem sehr süß schmecken. Sie können dann die im Rezept angegebene Zuckermenge reduzieren.

Fruchtdesserts

Johannisbeersauce

350 g rote Johannisbeeren
Saft von 1 Zitrone
100 ml Zuckersirup (Seite 275)

Ergibt 4 Portionen

Die Johannisbeeren waschen und von den Rispen streifen. In den Standmixer oder in die Küchenmaschine füllen, Zitronensaft und Zuckersirup zufügen und 1 Minute zu einem Püree verarbeiten.

Durch ein mit einem Stück Musselin ausgelegtes Haarsieb in eine Schüssel streichen. Sobald der Saft fast vollständig durchgelaufen ist, ein Ende des Tuches in jede Hand nehmen und auswringen, um den restlichen Saft herauszudrücken.

Die samtige Fruchtsauce schmeckt köstlich zu gedünsteten weißfleischigen Früchten wie Pfirsichen oder Birnen, oder mit Vanilleeis oder einem geeisten Soufflé.

Brombeersauce 350 Gramm gewaschene reife Brombeeren, 50 Milliliter Kirschwasser, 150 Milliliter Zuckersirup (Seite 275) und den Saft von ½ Zitrone im Standmixer 1 Minute zu einer glatten Sauce verarbeiten. Durch ein mit einem Stück Musselin ausgelegtes Sieb in eine Schüssel passieren. Falls nötig, noch etwas Zucker für zusätzliche Süße zufügen. Ergibt 8 Portionen.

Fruchtsauce aus schwarzen Johannisbeeren 450 Gramm gewaschene schwarze Johannisbeeren von den Rispen streifen, zusammen mit 150 Milliliter Zuckersirup (Seite 275) und dem Saft von 1 Zitrone in den Standmixer füllen. Glatt pürieren und durch ein mit einem Stück Musselin ausgelegtes Haarsieb in eine Schüssel passieren. Falls nötig, noch etwas Zucker für zusätzliche Süße zufügen. Ergibt 6 Portionen.

Himbeersauce 500 Gramm gewaschene und sehr reife Himbeeren mit 100 Milliliter Zuckersirup (Seite 275) und dem Saft von ½ Zitrone in den Standmixer geben und 1 Minute zu einer Sauce verarbeiten. Durch ein mit einem Stück Musselin ausgelegtes Haarsieb in eine Schüssel passieren. Ergibt 8 Portionen.

Apfelsauce mit Rosmarin

Ergibt 600 ml

500 g Äpfel (vorzugsweise Granny Smith)
75 g Zucker
½ Zitrone
1 Rosmarinzweig

Die Äpfel gründlich waschen und in acht Spalten schneiden. Vom Kerngehäuse und von fleckigen Stellen befreien, Äpfel aber nicht schälen. Zitrone waschen und in acht Spalten schneiden. Apfelstücke mit 375 Milliliter Wasser, Zucker, Zitronenspalten und Rosmarin in einen Topf geben. Bei geringer Hitze leicht köcheln lassen, bis die Masse fast zu einem Püree zerfallen ist.

Den Rosmarinzweig entfernen und die Masse in einer Küchenmaschine oder in einen Standmixer 1 ½ Minuten zu einer weichen Sauce verarbeiten. Durch ein Haarsieb in eine Schüssel streichen und abkühlen lassen.

Wenn Sie die Sauce nicht direkt servieren, können Sie das abgekühlte Püree luftdicht verschlossen maximal 1 Woche im Kühlschrank aufbewahren.

Die Fruchtsauce passt perfekt zu verschiedenen Desserts wie Baiser, Crêpes und Zitronenkuchen.

Fruchtsalat mit exotischen Fruchteiswürfeln

Ergibt 6 Portionen

Exotische Fruchteiswürfel geben jedem Fruchtsalat ein besonderes Aroma und eine originelle Note, ganz besonders, wenn die Eiswürfel in ungewöhnlichen Formen (siehe Abbildung) hergestellt werden.

je 200 g von 6 reifen Fruchtsorten der Saison (beispielsweise eine Mischung aus Sommerbeeren, Kirschen und Pfirsichen; oder Ananas, Bananen, Mangos, Kiwis, Trauben und Birnen im Herbst/ Winter)

Für die Eiswürfel:
1 reife Mango
500 g Zucker
6 reife Kiwis
100 g Granatapfelsaft

Für die Eiswürfel die Mango mit einem scharfen Messer schälen, vom Kern befreien und das Fruchtfleisch würfeln. Fruchtfleisch in der Küchenmaschine oder im Standmixer mit 50 Milliliter Wasser und dem Zucker 1 Minute pürieren. Die Fruchtmasse in die Eiswürfelform füllen und diese ins Eisfach des Kühlschranks setzen.

Die Kiwis schälen, das Fruchtfleisch würfeln und in der Küchenmaschine oder dem Stabmixer 30 Sekunden pürieren. Durch ein Haarsieb in einen Krug passieren. Das Fruchtfleisch mit dem Rücken einer Schöpfkelle ausdrücken, um möglichst viel Saft zu erhalten. Das Püree in eine zweite Eiswürfelform füllen und ebenfalls ins Eisfach setzen.

Für den Fruchtsalat die Früchte gründlich waschen und je nach Frucht schälen oder putzen. Halbieren und je nach Größe in Spalten schneiden oder ganz lassen.

Zum Servieren die vorbereiteten Früchte in eine große flache Schüssel füllen. Die Eiswürfel aus der Form lösen und auf dem Fruchtsalat verteilen. Sofort servieren.

Der Fruchtsalat bekommt durch einige fein gezupfte Stevia-Blätter noch zusätzlich etwas Süße – ein ungewöhnliches und köstliches Kraut, mit dem Sie ohne Zucker süßen können.

Gebackene Honigpfirsiche mit Sternanis

Ergibt 4 Portionen

Dieses einfache Dessert kann im Voraus vorbereitet werden – es wird dann kurz vor dem Servieren nur noch mit Honig beträufelt.

6 EL flüssiger Honig
4 Sternanis
6 weiße oder gelbe Pfirsiche
Saft von 2 Zitronen
1 Prise Muskatnuss, frisch gerieben

Den Backofen auf 180 °C (Gas Stufe 4) vorheizen. Einen mittelgroßen Topf mit Wasser zum Kochen bringen. Honig und Sternanis in einen kleinen Topf geben und 5 Minuten leicht erwärmen.

In der Zwischenzeit die Pfirsiche schälen. Eine Schüssel mit Eiswasser bereitstellen. Mit der Messerspitze jeden Pfirsich entlang der Mitte flach einschneiden. Mit einem Schaumlöffel die Pfirsiche ins kochende Wasser legen. Sobald sich die Haut an der Schnittstelle löst, die Pfirsiche mit dem Schaumlöffel herausheben und in Eiswasser tauchen. Mit der Messerspitze die Haut von den Pfirsichen ziehen.

Nun vier Pfirsiche in eine kleine Fettpfanne setzen und mit dem erwärmten Honig beträufeln. Im Backofen 8–10 Minuten backen, je nach Reifegrad der Pfirsiche. Alle 2–3 Minuten mit Honig bestreichen. Die Pfirsiche auf einen Teller legen, Sternanis dazugeben und zum Abkühlen beiseitestellen.

Zwei Drittel des Zitronensafts zum Honig in die Fettpfanne gießen. Den Inhalt der Fettpfanne bei geringer Hitze leicht einkochen lassen, bis die Glasur auf einer Löffelrückseite einen Film hinterlässt. Beiseitestellen.

Die restlichen zwei geschälten Pfirsiche halbieren und vom Kern befreien. Mit dem restlichen Zitronensaft und der geriebenen Muskatnuss in der Küchenmaschine oder im Standmixer zu einer sämigen Fruchtsauce pürieren.

Die Fruchtsauce auf vier breite Schälchen verteilen. Einen gebackenen Pfirsich in jedes Schälchen setzen, mit dem fast vollständig abgekühlten Honig einpinseln und mit einem Sternanis garnieren.

Ananas mit Gewürznelken und chinesischen Gewürzen

Ergibt 8 Portionen

Ich liebe dieses sinnliche Dessert: Die Gewürze verleihen dem saftigen Ananasgeschmack einen besonderen Akzent. Das Gericht kann wunderbar mit einem Löffel Thymian-Quark-Sorbet (Seite 137) serviert werden.

1 reife Ananas, ca. 1,8 kg
16 Gewürznelken
50 ml Traubenkernöl oder Erdnussöl

Für den Sirup:
400 g hellbrauner Zucker
100 g Zucker
10 getrocknete Sichuan-Pfefferkörner, zerstoßen
4 g Viergewürz (Mischung aus weißem Pfeffer, Gewürznelken, Muskat und Ingwer)
6 Sternanis

Für den Sirup 1 Liter Wasser mit den Zutaten in einen Topf geben und bei geringer Hitze langsam zum Kochen bringen, dabei gelegentlich umrühren. Bei mittlerer Temperatur köcheln lassen. Auf ein Viertel reduzieren und zu einem dicken Sirup einkochen lassen. Beiseitestellen.

Den Backofen auf 180 °C (Gas Stufe 4) vorheizen. Mit einem Messer mit Wellenschliff oben von der Ananas einen 3 cm breiten Deckel abschneiden und die Blätter entfernen. An der Unterseite eine 2 cm breite Scheibe abschneiden, damit die Ananas aufrecht steht. Nun die Schale rundherum mit dem Messer von oben nach unten schälen. Die kleinen dunklen „Augen" entfernen. Gleichzeitig eine 5 cm tiefe, spiralförmige Kerbe in die gesamte Frucht schneiden. So erhält die Ananas ein dekoratives Aussehen. Zum Schluss rundherum mit den Gewürznelken spicken.

Das Öl in einer ovalen Pfanne (oder in einer Pfanne, in die die ganze Frucht hineinpasst) stark erhitzen. Ananas zufügen und leicht Farbe annehmen lassen. Ananas aufrecht in eine mittelgroße Fettpfanne stellen und mit dem eingekochten Sirup bestreichen. Im Backofen je nach Reifegrad der Frucht 35–40 Minuten backen, zwischendurch immer wieder mit dem Sirup einpinseln.

Die gebackene Ananas 10–15 Minuten abkühlen lassen. Zwischendurch immer wieder mit dem Sirup bestreichen.

Zum Servieren die Ananas auf die Seite legen und in 1 cm dicke Scheiben schneiden. Die Gewürznelken als Dekoration in der Ananas belassen. Die Ananasscheiben auf einer Servierplatte anrichten und warm servieren.

Pochierte Birne mit Dattel-Feigen-Füllung

Ergibt 6 Portionen

Einfach vorzubereiten und ein absoluter Leckerbissen – dank der unterschiedlichen Geschmackseindrücke ist dies das Herbst-Winter-Dessert par excellence.

6 sehr reife Birnen (vorzugsweise William oder Conference)
Saft von 1 Zitrone
400 g Zucker
1 Zimtstange, in Stücke gebrochen
200 g Datteln, entkernt
100 g weiche Trockenfeigen
1 ½ EL Rum (wahlweise)
400 ml Karamellsauce (Seite 275)

Mit einem kleinen scharfen Messer ein hübsches Muschelmuster um die Stiele herum in die Schale ritzen. Den oberen Teil der Schale stehen lassen und die Birne nach unten hin komplett schälen. Mit einem Melonenformer von der Unterseite aus Kerngehäuse und Kerne entfernen.

Die Birnen aufrecht in einen ausreichend großen Topf stellen. Nun 1 Liter Wasser zugießen und Zitronensaft, Zucker und Zimtstange hineingeben. Bei geringer Hitze sanft aufkochen lassen und die Birnen je nach Reifegrad in 10–15 Minuten weich pochieren. Die Birnen herausnehmen, auf einem Teller beiseitestellen und gründlich abkühlen lassen.

Datteln und Feigen fein würfeln und in einer Schüssel mischen. Rum (oder 1 ½ Esslöffel Wasser) darüberträufeln und mit den Fingerspitzen leicht vermischen.

Vor dem Servieren die Birnen gut abtropfen lassen. Mit einem Teelöffel die Birnenmitte von unten mit der Dattel-Feigen-Mischung füllen. Jede Birne auf einem Teller anrichten und etwas Karamellsauce um die Birnen herum verteilen. Die restliche Füllung neben der Frucht anrichten.

Waffelschalen mit Rhabarber-Himbeer-Füllung

Ergibt 6 Portionen

Diese köstlichen mit Früchten gefüllten Waffelschalen werden am besten kurz vor dem Servieren gebacken und erst im letzten Moment gefüllt. Sie sind äußerst zerbrechlich, deshalb empfiehlt es sich, ein paar Waffelschalen als Ersatz bereitzuhalten.

Für die Waffelschalen:
100 g Butter, geschmolzen
100 g Zucker
100 g Zuckerrübensirup
100 g Mehl
400 g frischer Ingwer, geschält und fein gerieben
Saft von ½ Zitrone
1 EL Cognac

Für die Füllung:
2 junge, zarte Rhabarberstängel
½ l Zuckersirup (Seite 275)
Saft von 1 Orange
250 g Crème Chantilly (Seite 272)
18 schöne, reife Himbeeren

Für die Füllung den Rhabarber, falls nötig, schälen, in kaltem Wasser waschen und in 3 cm lange und 5 cm breite Abschnitte schneiden. Den Zuckersirup in einem Topf aufkochen. Rhabarber zufügen und 20 Sekunden darin pochieren. Nun Rhabarber abtropfen lassen und in einer Schale beiseitestellen. Den Orangensaft bei geringer Hitze im Topf auf die Hälfte einkochen und abkühlen lassen.

Für die Waffelschalen den Backofen auf 180 °C (Gas Stufe 4) vorheizen. Butter, Zucker und Zuckerrübensirup mit einem Holzlöffel in einer Schüssel mischen. Mehl, Ingwer, Zitronensaft und Cognac zugeben und alle Zutaten zu einem glatten Teig verrühren. Auf einem mit Butter gefetteten Backblech mit einem flachen Ring sechs Teigkreise in 5 cm Abstand voneinander formen. Dazu den Ring etwa 3–4 cm mit Teig füllen, mit einer Palette glatt streichen, den Ring abheben und so weiter verfahren, bis der Teig aufgebraucht ist. Im Backofen 3–5 Minuten backen, bis die Waffeln eine hellbraune Farbe annehmen.

Die Waffeln etwa 30 Sekunden – 1 Minute auf dem Blech ruhen lassen. Nun mit einer Streichpalette eine Waffel zügig vom Blech heben und in ein Tartelette-Förmchen, ein Schälchen oder eine Tasse (6 cm Ø und 3,5 cm Höhe) setzen. Die Waffel sanft andrücken, sodass eine Schale entsteht und der Rand sich wellenartig formt. Mit den restlichen Waffeln ebenso verfahren. Die Waffelschalen gut abkühlen lassen, dann vorsichtig von der Form lösen und auf ein Kuchengitter setzen.

Den Orangensaft mit der Crème Chantilly verrühren. Diese Mischung auf die Waffelschalen verteilen. Die Himbeeren und den abgetropften Rhabarber darauf anrichten. Sofort servieren.

Quarkcreme mit Beeren und Passionsfrucht

Ergibt 4 Portionen

Ein herrlich leichtes Dessert, das auch wunderbar zu einem Brunch passt. Damit der pure Geschmack gut zur Geltung kommt, sollte der Quark bei der Zubereitung nicht zu kalt sein.

300 g reife rote Beeren je nach Jahreszeit (Brombeeren, kleine Erdbeeren, Himbeeren, rote Johannisbeeren u. Ä.)
1 ½ EL Traubenkernöl
30 g Zucker
10 g glatte Petersilie, fein gehackt
2 Passionsfrüchte
300 g Ricottakäse oder Quark, Zimmertemperatur
schwarzer Pfeffer, frisch gemahlen

Die Beeren vorsichtig waschen, gut abtropfen lassen und putzen bzw. von den Rispen streifen. In einer beschichten Pfanne das Öl bei mittlerer Temperatur erhitzen. Brombeeren hineingeben und 1 Minute kochen, anschließend Erdbeeren, Himbeeren, rote Johannisbeeren und/oder andere köstliche Beerensorten zufügen. Nach 1 weiteren Minute Zucker und Petersilie hinzugeben und 30 Sekunden kochen lassen. Die Früchte abtropfen lassen und den Saft auffangen. Die abgetropften Früchte in eine zweite Schüssel füllen und beiseitestellen.

Den Saft zurück in den Topf gießen und bei geringer Hitze auf die Hälfte einkochen lassen, dann zurück in die leere Schüssel gießen. Die Passionsfrüchte halbieren, Fruchtfleisch und Samen herauslöffeln und zum eingekochten Saft in die Schüssel geben. Gut verrühren.

Einen Metallring (9 cm Ø und 3 cm Höhe) auf einen tiefen Teller setzen. Den Quark mit etwas frisch gemahlenem Pfeffer würzen. 1 Esslöffel Quark in den Ring füllen, jedoch nicht verstreichen. Nun ein Viertel der Beeren darauf anrichten und mit 1 Esslöffel Quark abschließen. Die obere Quarkschicht leicht verstreichen, aber nicht andrücken. Den Ring abnehmen und den Quark mit einem Viertel der Passionsfrucht-Beerensaft-Mischung übergießen.

Mit den drei restlichen Desserts ebenso verfahren. Sofort servieren.

Exotische Fruchtspieße

Ergibt 4 Portionen

Bei diesem gesunden Dessert können Sie die Früchte nach Geschmack variieren. Sie sollten jedoch Sorten mit festem Fruchtfleisch wählen, die beim Kochen nicht zerfallen. Besonders lecker schmecken die Spieße mit einer Kirsch-Zabaione (Seite 69).

1 reife Zwergananas, ca. 700 g
1 Papaya (nicht zu reif), ca. 600 g
4 Mini-Bananen (nicht zu reif)
5 g schwarze Pfefferkörner, fein zerstoßen
3 g gemahlene Vanille (3 große Msp.)
4 kleine Limetten
2 EL Traubenkernöl
1 EL flüssiger Honig
2 Passionsfrüchte
Metallspieße

Mit einem Messer mit Wellenschliff die Blätter der Ananas abschneiden und die Frucht schälen. Die Ananas längs halbieren und den holzigen Strunk entfernen. Das Fruchtfleisch in 2 cm große Würfel schneiden und in einer flachen Schüssel beiseitestellen.

Die Papaya längs halbieren, den Samen mit dem Löffel herauslösen und die Frucht schälen. Das Fruchtfleisch in 2 cm große Würfel schneiden und zu den Ananaswürfeln geben. Die Bananen schälen, in 2 cm breite Stücke schneiden und mit den anderen vorbereiten Früchten beiseitestellen.

Zerstoßenen Pfeffer und Vanille mischen, über den Früchten verteilen und leicht untermischen. Die Fruchtstücke im Wechsel auf vier lange oder acht kurze Metallspieße stecken. Die Limetten halbieren (oder bei acht Spießen vierteln) und jeweils eine Limettenhälfte auf jedes Spießende stecken, mit dem Fruchtfleisch zur Frucht. So verrutschen die Fruchtstücke nicht.

Eine flache Grillpfanne oder den Grillrost erhitzen. Das Öl mit dem Honig verrühren und die Früchte mit der Mischung leicht einpinseln. Die Spieße in die Grillpfanne oder auf den Grill legen und etwa 3 Minuten grillen. Zwischendurch immer wieder wenden, damit die Früchte gleichmäßig Farbe nehmen.

Die Spieße auf einzelnen Teller anrichten. Passionsfrüchte halbieren, Fruchtfleisch und Samen herauslösen und auf die Spieße legen. Die Limettenstücke an den Spießenden auspressen und den Saft über die gegrillten Früchte träufeln.

Melonen-Paprika-Gazpacho

Ergibt 4 Portionen

Dieses kühle Fruchtsüppchen eignet sich perfekt als Sommerdessert. Es ist herrlich erfrischend und lässt sich zudem blitzschnell zubereiten.

1 Melone, ca. 800 g (vorzugsweise Galia)
2 grüne Paprikaschoten, jeweils 180 g
4 EL Zucker
weißer (oder schwarzer) Pfeffer, frisch gemahlen
6 reife Himbeeren

Mit einem Messer die Melonenschale etwa 5 Millimeter dick abschneiden. Die Melone halbieren und von den Kernen befreien. Das Fruchtfleisch grob würfeln.

Die Paprikaschoten gründlich waschen, halbieren und putzen. In lange Juliennestreifen schneiden und mit einem Kartoffelschäler die Haut schälen.

Ein Viertel der Paprika-Julienne sehr fein würfeln. Mit Zucker in einen Topf geben. Gerade so viel kaltes Wasser zufügen, dass die Paprika bedeckt ist, und das Wasser aufkochen. Den Topf von der Herdplatte nehmen und zum Abkühlen beiseitestellen. Diese feinen Paprikawürfel später zum Garnieren verwenden.

Melonenwürfel und übrige Paprikastreifen im Standmixer oder in der Küchenmaschine 2 Minuten zerkleinern. Mit drei Drehungen aus der Pfeffermühle mit Pfeffer würzen. Dann die Masse durch ein Sieb streichen und kalt stellen.

Das gekühlte Gazpacho kurz umrühren und auf vier tiefe Schalen verteilen. Die gezuckerten Paprikawürfel darübergeben. Die Himbeeren mit den Fingern leicht zerdrücken und kleine Stücke um die Paprikawürfel herum verteilen. Das Gazpacho mit wenig weißem Pfeffer bestreuen und sehr kalt servieren.

Birnenpüree mit Kastanien und Zimt

Ergibt 6 Portionen

Diese einfache und zugleich köstliche Kombination ist perfekt für den Herbst. Ich liebe den Kontrast von samtig-weichem Birnenpüree und knusprigen Kastanien.

400 g reife Birnen
60 g Zucker
Saft von 1 Zitrone
2 Prisen gemahlenen Zimt
8 frische Kastanien
20 g Puderzucker

Für das Birnenpüree 700 Milliliter Wasser in einem Topf erhitzen, Zucker zufügen und bei mittlerer Hitze aufkochen lassen. Birnen schälen, halbieren und vom Kerngehäuse befreien. Eventuell fleckige Stellen entfernen. Dann die Birnenhälften mit Zitronensaft beträufeln. Sobald der Zuckersirup kocht, die Birnenhälften in den Topf geben und bei geringer Hitze je nach Reifegrad 5–10 Minuten pochieren.

Eine Birnenhälfte aushöhlen und zum Garnieren beiseitestellen. Die restlichen pochierten Birnenhälften mit einem Drittel des Zuckersirups und 1 Prise Zimt in die Küchenmaschine oder in den Standmixer füllen und 1 Minute pürieren. Anschließend das Birnenpüree durch ein Haarsieb in eine Schüssel streichen.

Für die Kastanien den Backofen auf 200 °C (Gas Stufe 6) vorheizen. Mit einem kleinen Messer die Kastanienhaut auf einer Seite 5 Millimeter dick aufschlitzen. Im Backofen 10 Minuten rösten, dabei nach 5 Minuten wenden. Durch die Backofenhitze reißt die Haut auf und das Fleisch wird gegart, bleibt aber fest. Die Kastanien für 2 Minuten in ein Küchentuch wickeln, dann mit einem kleinen Messer Haut und weiche Innenhaut abziehen. Den Backofen auf 240 °C (Gas Stufe 9) vorheizen. Kastanien zerkleinern, auf einem kleinen Backblech verteilen und mit Puderzucker bestreuen. Nur kurz in den sehr heißen Backofen schieben, bis der Zucker karamellisiert.

Das Birnenpüree auf Schälchen verteilen. Die beiseitegestellte Birnenhälfte würfeln und zusammen mit den Kastanienstückchen auf dem Püree verteilen. Mit 1 Prise Zimt bestreuen. Kalt, aber nicht zu kühl servieren.

Herbstlicher Apfel-Crumble

Ergibt 8–10 Portionen

Quitte und Ingwer verleihen diesem Crumble eine herrliche Note. Sie können Früchte der jeweiligen Saison verwenden – Pflaumen und Brombeeren harmonieren gut. Servieren Sie den Crumble mit Crème Anglaise (Seite 56) oder Sahne.

½ l Zuckersirup (Seite 275)
340 g Cranberrys (frisch oder tiefgekühlt und aufgetaut)
4 Quitten
1 Kochapfel (z. B. Bramley)
4 Äpfel (z. B. Cox oder Gala)
Saft von 1 Zitrone
180 g Zucker
80 g Ingwer, in Sirup eingelegt und in Julienne geschnitten

Für den Crumble:
50 g weiche Butter, gewürfelt
60 g hellbrauner Zucker
100 g Mehl

Den Zuckersirup in einem Topf aufkochen. Die Cranberrys waschen und in den Topf geben. Topf vom Herd nehmen und die Cranberrys 2 Stunden durchziehen lassen, bis sie abgekühlt sind. Abspülen und beiseitestellen.

Den Backofen auf 190 °C (Gas Stufe 5) vorheizen. Die Quitten 4-mal mit der Gabel einstechen, in Alufolie wickeln und auf ein Backblech legen. Im Backofen in 1–1¼ Stunden weich garen. Zwischendurch 3- bis 4-mal wenden. Zur Garprobe einen Metallspieß in das Fruchtfleisch stechen: Lässt er sich leicht herausziehen, sind die Quitten gar. Quitten aus der Folie wickeln und zum Abkühlen beiseitestellen.

In der Zwischenzeit die Äpfel schälen, vierteln, vom Kerngehäuse befreien und in 2 cm große Würfel schneiden. Zitronensaft und Zucker in einem Topf bei hoher Temperatur unter Rühren 5 Minuten kochen lassen. Vom Herd nehmen und beiseitestellen. Mit einem Messer die Quitten schälen, halbieren, vom Kerngehäuse befreien und in Würfel schneiden.

Für den Crumble Butter, braunen Zucker und Mehl in eine Schüssel geben. Mit den Fingerspitzen zügig zu einem grobkrümeligen Teig verarbeiten.

Cranberrys, Quitten und Äpfel in einer Auflaufform (ca. 23 x 30 cm) mischen. Ingwer darüberstreuen und mit den Fingerspitzen leicht in die Früchte drücken. Die Streusel gleichmäßig darauf verteilen, jedoch nicht andrücken. Im Backofen bei 190 °C (Gas Stufe 5) 40 Minuten backen. Den Crumble aus dem Backofen nehmen und vor dem Servieren abkühlen lassen.

Herbstlicher Früchteauflauf

Ergibt 6 Portionen

700 g gemischte weiche Früchte (möglichst je die gleiche Menge an Himbeeren, Erdbeeren, Brombeeren, Blaubeeren und schwarzen und roten Johannisbeeren) zzgl. 250 g Himbeeren für die Sauce
350 g Zucker
1 Weißbrot von guter Qualität, in 14 mitteldicke Scheiben geschnitten
30 g Butter, geschmolzen, für die Form

Die Früchte behutsam waschen und möglichst getrennt bearbeiten. Erdbeeren und schwarze Johannisbeeren putzen, falls nötig.

In einem mittelgroßen Topf den Zucker mit ½ Liter Wasser bei mittlerer Temperatur auflösen lassen und zum Kochen bringen, anschließend die Hitze herunterdrehen. Alle 20 Sekunden in folgender Reihenfolge eine Fruchtsorte in den Zuckersirup geben: Brombeeren, Erdbeeren, schwarze Johannisbeeren, Blaubeeren, Himbeeren und rote Johannisbeeren. Nach weiteren 20 Sekunden den Topf vom Herd nehmen und mit Frischhaltefolie abdecken. Die Früchte in der Kochflüssigkeit zum Abkühlen beiseitestellen.

In der Zwischenzeit für die Sauce 250 Gramm Himbeeren im Standmixer pürieren und durch ein Haarsieb streichen. Erkaltete Früchtemischung in ein Sieb geben, über einer Schüssel abtropfen lassen und den Fruchtsirup auffangen. Ein Drittel des Sirups unter das Himbeerpüree mischen.

Die Kruste von den Brotscheiben abschneiden. Eine Auflaufform (0,9 Liter Fassungsvermögen) mit der zerlassenen Butter einpinseln. Aus einer Brotscheibe einen 8 cm großen Kreis ausschneiden. Die restlichen Scheiben in 3 cm breite Streifen schneiden.

Den Brotkreis in den Himbeersirup tauchen, dann auf den Boden der Auflaufform legen. Nun nacheinander die Brotstreifen in den Himbeersirup tauchen, am Rand der Form verteilen

Abbildung auf der Vorderseite

Eigentlich ist dieses klassische Dessert als Sommer-Auflauf bekannt, aber ich mag es im Herbst genauso gern. Dann sind die Beeren voller Aroma und verströmen den intensivsten Duft. Sie können die Beeren je nach Jahreszeit variieren.

und dabei oben einen leichten Überhang lassen. Die Streifen sollten den Rand komplett ausfüllen. Nun die abgekühlten pochierten Früchte in die Mitte der Form füllen und mit etwas Himbeersirup beträufeln. (Eventuell etwas Sirup zum Servieren beiseitestellen.)

Die Früchte mit einer Schicht aus Brotstreifen belegen. Diese vorher in den Himbeersirup tauchen. Den Auflauf mit Frischhaltefolie abdecken und einen Teller in ähnlicher Größe wie die Form auflegen. Mit einem schweren Gegenstand beschweren, damit der Auflauf fest zusammengedrückt wird. Vor dem Servieren 6–12 Stunden kühl stellen.

Kurz vor dem Servieren Gewicht, Teller und Frischhaltefolie entfernen. Mit einer Streichpalette den Auflauf rundherum von der Innenseite der Form lösen und den Auflauf auf eine flache Platte stürzen. Den Auflauf entweder ganz servieren oder vorher in einzelne Tortenstücke schneiden. Schlagsahne passt perfekt zu diesem herb-fruchtigen Dessert.

Apfelgelee

Ergibt 650 ml

500 g Äpfel
(z. B. Cox oder Gala)
1 Zitrone
250 g Zucker
6 Blatt Gelatine

Äpfel halbieren, vom Kerngehäuse befreien und würfeln. Zitrone in Spalten schneiden. Zucker in ½ Liter Wasser bei mittlerer Temperatur auflösen. Aufkochen lassen und eventuell abschäumen. Apfel- und Zitronenstücke zufügen und die Früchte bei leichter Hitze 10 Minuten köcheln lassen. In der Zwischenzeit die Gelatine in kaltem Wasser einweichen. Den Topf vom Herd nehmen. Mit einem Löffel die Apfel- und Zitronenstücke zum Rand schieben, sodass in der Mitte eine Mulde entsteht. Die Gelatine gut ausdrücken.

Die Gelatine vollständig im Sirup auflösen. Sirup und Früchte mit der Schöpfkelle in ein mit einem Stück Musselin ausgelegtes Sieb geben. Die abtropfende Flüssigkeit auffangen. Die Früchte möglichst nicht ausdrücken, sonst wird das Gelee trübe.

Ich serviere das noch flüssige Gelee zu verschiedenen kalten Desserts, etwa zu den gebackenen Bananen (siehe nächste Seite) oder als Fruchtglasur von Tartes und kleinen Törtchen. Es kann auch zum Festwerden in den Kühlschrank gestellt werden. Apfelgelee hat einen herrlich feinen Geschmack und eine hübsche blassrosa Farbe.

Die Flüssigkeit kühl stellen und als Glasur oder Guss verwenden. Oder in ein Marmeladenglas füllen und abkühlen lassen. Im Kühlschrank hält sich das Gelee etwa 10 Tage und kann dann fein gewürfelt als Dessertbeilage serviert werden.

Gebackene Banane mit Apfelgelee und Blaubeerkompott

Ergibt 4 Portionen

Gebackene Bananen in der Schale haben einen überraschend guten Geschmack und eine sämige Konsistenz. Gelee und Kompott geben diesem unprätentiösen Dessert eine dekorative Note.

4 sehr reife mittelgroße Bananen
Saft von 2 Zitronen
50 g Zucker
200 g Blaubeeren
300 g Apfelgelee (Seite 46)

Den Backofen auf 190 °C (Gas Stufe 5) vorheizen. Die Bananen samt Schale auf einem Backblech verteilen und 10 Minuten backen, bis die Haut schwarz ist. Zwischendurch einmal wenden. Aus dem Backofen nehmen und 15 Minuten abkühlen lassen. Dann mit einem scharfen kleinen Messer zwei Drittel der Haut entfernen, nur die Unterseite ganz lassen. Das Bananenfleisch leicht mit dem Zitronensaft einpinseln, damit es sich nicht verfärbt. Gründlich abkühlen lassen und dann kühl stellen.

Nun 50 Milliliter Wasser in einen Topf gießen, Zucker zufügen und bei geringer Hitze auflösen, dann langsam aufkochen lassen. Die Blaubeeren gründlich waschen, in eine feuerfeste Schüssel geben und mit dem kochenden Sirup übergießen. Abkühlen lassen, die Beeren in einem Sieb abtropfen lassen und den Sirup auffangen. Blaubeeren kühl stellen. Den Sirup zurück in den Topf gießen und bei geringer Hitze zu einem dickflüssigem Sirup einkochen. Vom Herd nehmen und beiseitestellen.

Ein Drittel des Apfelgelees schmelzen, dann in eine Schüssel gießen, die über einer Schüssel mit Eiswasser steht, und das Gelee abkühlen lassen. Alle 2 Minuten kurz umrühren. Sobald es ein wenig fest ist, das Gelee mit einem Pinsel auf dem Bananenfleisch verteilen. Anschließend die Bananen in den Kühlschrank stellen. Das restliche Gelee würfeln und kühl stellen.

Zum Servieren die Bananen auf einzelnen Tellern anrichten und mit einigen Geleewürfeln garnieren. In der Mitte der Geleewürfel eine kleine Mulde machen und diese mit Blaubeeren füllen. Die Geleewürfel mit eingekochtem Blaubeersirup beträufeln und direkt servieren.

Zitrusfrucht in Weingelee

Ergibt 4 Portionen

Mit einem guten Sauternes-Wein und Zitrusfrüchten, die weder zu süß noch zu sauer sind, wird dieses einfache, köstliche Gericht auf jeden Fall ein Erfolg. Das Dessert spricht für sich …

1 mittelgroße Orange
½ Grapefruit, möglichst pink, längs halbiert
1 Zitrone, unbehandelt
50 g Zucker
2 Blatt Gelatine
¾ l Sauternes, ersatzweise ein Dessertwein von guter Qualität

Mit einem sehr scharfen Messer die Orange und die Grapefruit filetieren. Dazu die Zitrusfrüchte schälen und auch die weiße Haut entfernen. Die Filets aus den Trennhäuten herausschneiden und die Orangenfilets in vier, die Grapefruitfilets in sechs Stücke schneiden. In separaten Vorratsbehältern kühl stellen.

Die Zitrone gut waschen. Mit einem Kartoffelschäler die Zitrone schälen und die Streifen der Schale in lange, feine Julienne schneiden.

Nun 50 Milliliter Wasser in einen Topf gießen, den Zucker zufügen und bei geringer Hitze auflösen, dann langsam aufkochen lassen. Die Hitze herunterdrehen, die Zitronenschale zum Sirup geben und in 6–8 Minuten kandieren. Den Sirup abtropfen lassen und die kandierten Julienne auf Backpapier legen, damit sie nicht zusammenkleben. Gelatine 5 Minuten in kaltem Wasser einweichen.

In einem Topf 50 Milliliter Sauternes erwärmen, dann die Hitze ausdrehen. Gelatine gut ausdrücken und im warmen Wein vollständig auflösen. Etwa 10 Minuten ruhen lassen, dann den restlichen Wein unterrühren. In eine Schüssel gießen, diese in eine größere Schüssel mit Eiswasser stellen und das Weingelee alle 2–3 Minuten kurz umrühren. Früchte gut abtropfen lassen.

Den Wein in gekühlte Gläser gießen, sobald er fest wird. Zügig arbeiten und Orange- und Grapefruitschalen mit der Messerspitze unterschiedlich tief in das Gelee drücken, damit es aussieht, als würden sie im Gelee schweben. Für mindestens 2 Stunden in den Kühlschrank stellen. Mit den kandierten Zitronenschalen garnieren.

Fruchtgelee aus roten Beeren

Ergibt 8 Portionen

Dieses großartige, halbfeste Gelee versprüht einen Hauch von Romantik. Am besten schmeckt es mit sehr reifen, saftigen Früchten der Saison.

je 200 g Erdbeeren, Himbeeren, rote Johannisbeeren und Kirschen
Schale 1 unbehandelten Orange
100 g Zucker
4 Blatt Gelatine
1 Zitrone
einige Rispen Johannisbeeren oder Walderdbeeren zum Garnieren

Jede Fruchtsorte gründlich waschen und putzen, falls nötig. Rote Johannisbeeren mit der Gabel von den Rispen streifen. Kirschen halbieren und entkernen. Große Erdbeeren ebenfalls halbieren.

Die Früchte mit einer fein abgeriebenen Orangenschale, dem Zucker und 150 Milliliter Wasser in eine feuerfeste Schüssel geben. Die Schüssel fest mit Frischhaltefolie abdecken und die Früchte über dem Wasserbad oder über einem Topf mit leicht siedendem Wasser 40 Minuten bei geringer Hitze (70–80 °C) pochieren.

In der Zwischenzeit die Gelatine 5 Minuten in einer flachen Schale mit kaltem Wasser einweichen. Schüssel mit den Früchten von der Hitzequelle nehmen. Gelatine gut ausdrücken und zu den heißen Früchten geben und einrühren, bis sie sich ganz aufgelöst hat. Früchte abdecken und zum Abkühlen beiseitestellen.

Die Früchte durch ein mit einem Stück Musselin ausgelegtes Sieb in eine Schüssel streichen. Zitrone auspressen und den Zitronensaft zur Flüssigkeit geben. In kleine Gläser gießen und das Gelee einige Stunden im Kühlschrank kühl stellen, bis es fest geworden ist.

Die Gläser mit dem Gelee 20 Minuten vor dem Servieren aus dem Kühlschrank nehmen, damit es Zimmertemperatur annimmt. Jedes Glas mit einer Rispe roter Johannisbeeren oder mit Walderdbeeren garnieren.

Bühne frei für die herrlichen Cremes, deren Farbpalette von blassen Pastell- bis zu kräftigen Leuchttönen reicht. Die Cremes schmeicheln dem Gaumen und verführen zu reinem Genuss. Viele der Desserts in diesem Abschnitt stammen aus anderen Teilen der Welt, und ich habe mich auf meinen Reisen durch mehr als 60 Länder in sie verliebt. Sie sind Teil meines Repertoires geworden und mir sehr ans Herz gewachsen. Ich habe auch die Zabaiones mit aufgenommen. Pur zubereitet sind sie am köstlichsten. Sie verwöhnen Gaumen und Augen mit ihrer samtigen Cremigkeit und sind im Handumdrehen zubereitet.

Cremes & Zabaiones

Crème Anglaise

Ergibt ca. ¾ l (6–8 Portionen)

Als perfekte Begleitung zu vielen Desserts kann diese klassisch leichte und cremige Vanillesauce nach Geschmack variiert werden (siehe Seite 58).

½ l Milch
125 g Zucker
1 Vanilleschote, längs halbiert
6 Eigelb

Die Milch mit zwei Drittel des Zuckers und der Vanilleschote in einem Topf zum Kochen bringen.

In der Zwischenzeit die Eigelbe und den restlichen Zucker in einer feuerfesten Schüssel schaumig schlagen, bis die Creme eine blasse Farbe annimmt und eine dickliche Konsistenz bekommt.

Die Creme hält sich abgedeckt 2 Tage im Kühlschrank.

Bei geringer Hitze die Creme unter ständigem Rühren leicht köcheln, aber nicht kochen lassen, da sie sich sonst trennt. Die Creme ist fertig, wenn sie leicht andickt und am Löffelrücken einen Film bildet. Eine Fingerspitze sollte in der Creme eine klare Spur hinterlassen. Den Topf direkt vom Herd nehmen.

Die kochende Milch unter ständigem Rühren zugießen und die Creme zurück in den Topf geben.

Die Creme noch warm servieren oder zum Abkühlen durch ein Haarsieb in eine Schüssel geben, die wiederum in einer Schüssel mit zerstoßenem Eis steht. Die Creme abkühlen lassen, dabei gelegentlich umrühren, damit sich keine Haut bildet.

Variationen der Crème Anglaise

Schokoladen-Creme Die Milch mit 60 Gramm Bitterschokolade von guter Qualität erwärmen. Ergibt ¾ Liter.

Kaffee-Creme 1 Esslöffel Instant-Kaffeepulver in die heiße Milch rühren. Ergibt ¾ Liter.

Ingwer-Creme Anstelle der Vanille 20 Gramm fein abgeriebenen frischen Ingwer zusammen mit der Milch aufkochen. Ergibt ¾ Liter.

Gewürz-Creme Anstelle der Vanille 4 bis 5 Sternanise zusammen mit der Milch aufkochen. Ergibt ¾ Liter.

Minz-Creme Anstelle der Vanille 1 Bund frische Minze zusammen mit der Milch aufkochen. Der frische Minzgeschmack harmoniert hervorragend mit allen Beerensorten und passt wunderbar zu Schokoladen-Eiscreme und Schokoladen-Trüffel-Torte. Ergibt ¾ Liter.

Pistazien-Creme Verwenden Sie entweder 40 Gramm Pistazienmus oder 200 Gramm frisch gehäutete Pistazien. Die Pistazien 24 Stunden in kaltem Wasser einweichen, abtropfen lassen und im Mörser zu einer glatten Paste verarbeiten. Ein Drittel der heißen Crème Anglaise in das Pistazienmus gießen und gut verrühren. Zur restlichen Creme geben. Im Standmixer in 3 Minuten zu einer glatten Creme pürieren. Durch ein Haarsieb in eine Schüssel geben. Diese in einer Schüssel mit zerstoßenem Eis stellen und die Creme abkühlen lassen. Diese ungewöhnliche Creme passt hervorragend zu in Wein pochierten Birnen. Ergibt ¾ Liter.

Erdbeercreme

Ergibt 6 Portionen

Diese einfache Creme ist schnell zubereitet. Ich serviere sie am liebsten mit Französischem Baiser (Seite 146). Dazu das Baiser in ganzen Stücken als Beilage servieren oder es zerkrümeln und auf der Creme verteilen.

400 g reife Erdbeeren
100 g Zucker
1–2 TL Balsamico-Essig von guter Qualität
400 ml Sahne

Die Erdbeeren waschen und putzen, in eine Schüssel geben und mit dem Zucker bestreuen. Die Beeren leicht mit einer Gabel zerdrücken, mit dem Balsamico-Essig beträufeln, gut vermischen und 10 Minuten durchziehen lassen, damit sie das Aroma des Essigs aufnehmen.

In einer zweiten Schüssel Sahne steif schlagen und vorsichtig unter die Erdbeer-Masse heben. Die Früchtecreme auf sechs Schälchen verteilen und vor dem Servieren 20 Minuten kühl stellen.

Die Creme kann statt mit marinierten Erdbeeren auch mit Apfel-, Rhabarber- oder Aprikosen-Kompott zubereitet werden. Dafür die gleiche Menge gekühltes Kompott verwenden. So kann die Creme je nach Jahreszeit variiert werden.

Maronencreme mit Karamellsauce

Ergibt 4 Portionen

Für dieses exquisite Dessert benötigen Sie zwar etwas Zeit für die Zubereitung, aber es ist ein wirklicher Genuss – sowohl für das Auge als auch für die Geschmacksknospen.

½ Blatt Gelatine
180 g süßes Maronenenmus, aus der Dose
200 ml Sahne, gekühlt
100 ml Cognac oder Armagnac
8 lange Katzenzungen (Seite 266)
½ Portion Karamellsauce (Seite 275)

Für die gekochten Maronen (wahlweise):
8 frische Maronen
⅛ l Milch

Für die Maronencreme die Gelatine 5 Minuten in einer kleinen Schüssel mit kaltem Wasser einweichen. Sahne steif schlagen und das Maronenmus unter die Sahne mischen. Cognac in einem kleinen Topf erhitzen und den Topf anschließend vom Herd nehmen. Gelatine gut ausdrücken und unter Rühren im Cognac vollständig auflösen. Den Cognac in eine Schüssel geben und mit einem Schneebesen ein Viertel der Maronen-Sahne-Mischung unterrühren. Nach und nach die restliche Mischung unterheben.

Die Maronencreme in vier dekorative Schälchen (7 cm Ø und 6 cm Höhe) füllen und für 4 Stunden kühl stellen.

Falls Maronen verwendet werden, die Haut mit einem scharfen Messer etwa 5 Millimeter tief einritzen. Zusammen mit der Milch und ⅛ Liter Wasser bei mittlerer Temperatur 20–25 Minuten kochen lassen. Vom Herd nehmen und die Haut sowie die weiche Innenhaut schälen. Die geschälten Maronen zurück in den Topf legen und in der milchigen Flüssigkeit abkühlen lassen.

Die Unterseite der vier Schälchen etwa 15 Sekunden in sehr heißes Wasser tauchen und die Maronencreme auf Teller stürzen. Gekochte Maronen gründlich abtropfen lassen und durch ein kleines Sieb drücken, sodass feine Maronen-Vermicelli entstehen. Auf der Creme verteilen.

Jedes Dessert mit zwei Katzenzungen garnieren und die Karamellsauce um die Creme herum verteilen.

Schokoladen-Himbeer-Trifle

Ergibt 6–8 Portionen

Die weichen Schichten dieses Trifles vermischen sich auf köstliche Weise.

60 g weiße Schokolade von guter Qualität, klein gehackt
150 g Genueser Biskuit (Seite 162), bereits am Vortag gebacken
2 EL süßer Dessertwein, vorzugsweise Maury oder de Banyuls
200 ml Sahne
8 schöne Himbeeren
Puderzucker zum Bestäuben

Für die Schokoladen-Konditorcreme:
⅜ l Milch
50 g Zucker
4 Eigelb
20 g Mehl
20 g dunkles Kakaopulver

Für die Himbeersauce:
125 g Himbeeren
Saft von 1 Zitrone
60 g Puderzucker

Für die Schokoladen-Konditorcreme die Milch und zwei Dritteln des Zuckers in einem Topf erhitzen. Eigelbe und restlichen Zucker in einer Schüssel mit dem Schneebesen schaumig rühren. Dann das Mehl gründlich unterrühren. Kakaopulver in die kochende Milch rühren und dann unter ständigem Rühren auf die Eigelbe gießen. Zurück in den Topf gießen, unter ständigem Rühren zum Kochen bringen und 30 Sekunden sprudelnd kochen. Die Creme in eine Schüssel gießen und fein mit Puderzucker bestäuben, damit sich keine Haut bildet. Die Creme abkühlen lassen, mit Frischhaltefolie abdecken und in den Kühlschrank stellen. (Die Creme dabei nicht zu fest werden lassen.)

Für die Sauce die Himbeeren waschen und zusammen mit dem Zitronensaft und dem Puderzucker in die Küchenmaschine oder den Standmixer füllen und 1 Minute pürieren. Durch ein Sieb geben und kühl stellen.

Die weiße Schokolade über dem Wasserbad oder in einer feuerfesten Schüssel über einem Topf mit kochendem Wasser erwärmen. Den Genueser Biskuit in 1,5 cm große Würfel schneiden und den Boden einer große Glasschüssel (20 cm Ø und 7 cm Höhe) damit auslegen. Gleichmäßig mit dem Dessertwein beträufeln und die Konditorcreme darauf verteilen. Zum Schluss mit Himbeersauce übergießen und mit geschmolzener weißer Schokolade beträufeln.

Die Sahne steif schlafen und mit einem Löffel auf dem Trifle verteilen. Mit einer Streichpalette glatt verstreichen. Den Trifle 2–3 Stunden kühl stellen.

Vor dem Servieren mit den Himbeeren garnieren und mit Puderzucker bestäuben.

Abbildung auf der Vorderseite

Dattel-Mascarpone mit kandierter Grapefruitschale

Ergibt 4 Portionen

120 g kandierte Grapefruitschalen-Sticks (Seite 258)
4 Datteln
200 g Mascarpone
200 ml Sahne
200 ml Pistazien-Creme (Seite 58)

Die kandierten Grapefruitschalen-Sticks grob würfeln. Datteln vierteln und entkernen. Vier Dattelviertel und einen Löffel der kandierten Grapefruit zum Garnieren beiseitestellen. Restliche Datteln würfeln.

Die Mascarpone in eine große Schüssel füllen. In einer zweiten Schüssel Sahne steif schlagen und mit einem Teigspatel unter die Mascarpone heben. Nun die Dattelwürfel und die kandierten Grapefruitschalen locker untermischen.

Zwei Esslöffel kurz in heißes Wasser tauchen. Mit den Löffeln kleine Nocken von der Mascarpone-Masse abstechen und auf vier Teller verteilen. Mit den beiseitegestellten Dattelvierteln und den kandierten Grapefruitwürfeln garnieren. Ein wenig von der Pistazien-Creme um die Nocken herum verteilen. Gekühlt servieren.

Dieses einfache Dessert ist in wenigen Minuten angerichtet. Ich mahle immer gern etwas schwarzen Pfeffer über die Nocken – das ist natürlich Geschmackssache, aber ich finde, Sie sollten es einmal probieren …

Zabaione

Ergibt 4 Portionen

Sie benötigen unbedingt einen Kochthermometer, um die Temperatur der Zabaione zu kontrollieren.

100 ml Sauternes oder einen anderen süßen Weißwein
3 Eigelb
40 g Zucker

Einen Topf zu einem Drittel mit warmem Wasser füllen (ausreichend, um eine große feuerfeste Schüssel mit dem unteren Teil hineinzustellen) und das Wasser leicht erhitzen. Den Wein in die Schüssel gießen und unter Rühren die Eigelbe zufügen. Weiterrühren und langsam den Zucker einrieseln lassen.

Die Schüssel über dem Topf mit kochendem Wasser erwärmen. Dabei kontrollieren, dass der Schüsselboden nicht mit dem Wasser in Berührung kommt. Die Masse unter ständigem Rühren langsam eindicken lassen. Darauf achten, dass die Temperatur im Topf sich gleichmäßig erhitzt.

Wenn die nötige Temperatur erreicht ist, sollte die Zabaione glatt und luftig sein und schön glänzen. Die Schüssel vom Topf nehmen.

Nach 5–10 Minuten ständigem Rühren sollte die Masse eine feste Konsistenz haben. Sobald die Temperatur 55 °C erreicht, ist die Zabaione fertig.

Die Zabaione sofort in Dessertgläsern servieren. Sie können außerdem gemischte rote Früchte oder mit Früchten gefüllte Crêpes in eine Auflaufform schichten und die Zabaione mit einem Löffel darüber verteilen. Kurz unter den Grill setzen, bis die Zabaione leicht gebräunt ist.

Kirsch-Zabaione mit Früchten der Saison

Ergibt 4 Portionen

Hier gehen Süße, Frische und Eleganz eine göttliche Verbindung ein. Die Zabaione umschmeichelt sanft die Früchte ...

Für die Zabaione:
75 ml Kirschwasser
3 Eigelb
80 g Zucker

Für die Früchte:
1 Birne
etwas Zitronensaft
2 Orangen
20 Brombeeren

Für die Zabaione einen Topf zu einem Drittel mit warmem Wasser füllen (ausreichend, um eine große feuerfeste Rührschüssel mit dem unteren Teil hineinzustellen). Kirschwasser, 50 Milliliter Wasser, Eigelbe und Zucker in die Schüssel geben und die Schüssel auf den Topf setzen. Dabei sollte der Schüsselboden den Topfboden nicht berühren. Die Zutaten in der Schüssel mit einem Schneebesen schaumig schlagen.

Den Topf auf den Herd stellen und bei geringer Hitze die Mischung in der Schüssel 8–10 Minuten ständig schlagen, bis die Zabaione eine schön cremige Konsistenz hat. Dabei kontrollieren, dass die Temperatur im Topf sich gleichmäßig erhitzt. Weiterrühren, bis die Masse eine Temperatur von 55 °C erreicht hat. Dann die Schüssel vom Topf nehmen. Die Zabaione sollte nun fest sein und schön glänzen. Sie kann nun serviert werden.

Die Birne schälen, vom Kerngehäuse befreien, in Spalten schneiden und mit Zitronensaft beträufeln. Die Orangen filetieren (siehe Seite 14). Die Brombeeren waschen. Die Früchte auf vier Glasschälchen verteilen und mit der Zabaione überziehen. Sofort servieren. Die restliche Zabaione in einen Krug füllen und dazustellen.

Grapefruit-Ingwer-Zabaione

100 Gramm frischen Ingwer schälen, fein reiben und in ein Stück Musselin wickeln. Die Zabaione wie oben beschrieben zubereiten. Das Kirschwasser durch 50 Milliliter frisch gepressten Grapefruitsaft ersetzen. Aus dem Ingwer möglichst viel Flüssigkeit pressen und unter die Zabaione rühren. Mit Rambutan oder kurz gegrillter Ananas servieren.

Kaffee-Karamell-Creme

Ergibt 8 Portionen

Frische, süße und herbe Harmonien vereinen sich in diesem großartigen Dessert, bei dem der Kaffee die vorherrschende Melodie spielt und diese Komposition *bellissima* abrundet.

Für den Karamell:
125 g Zucker
30 g flüssige Glukose (wahlweise)

Für die Creme:
¼ l Milch
20 g Kaffeebohnen, fein gemahlen
100 ml Sahne
3 Eier zzgl. 3 Eigelb
60 g Zucker
10 g Kaffeebohnen, zerstoßen, zum Garnieren

Für den Karamell den Zucker in 2 Esslöffeln Wasser in einem kleinen Topf auflösen und zum Kochen bringen. Mit einem feuchten Pinsel Zuckerkristalle entfernen, die sich am Topfrand absetzen. Eventuell die Glukose hinzugeben. Alle Zutaten sanft köcheln lassen, bis die Mischung leicht karamellisiert. Den Karamell auf acht Keramik- oder Metallförmchen (7 cm Ø und 3,5 cm Höhe) verteilen. Beim Einfüllen die Förmchen leicht drehen, damit der Karamell den Seitenrand zu zwei Dritteln bedeckt. In eine flache, mit Backpapier ausgelegte Fettpfanne setzen. Den Backofen auf 120 °C (Gas Stufe ½) vorheizen.

Für die Creme die Milch und den gemahlenen Kaffee in einem Topf zum Kochen bringen. DieSahne zugeben und nochmals aufkochen. Den Topf vom Herd nehmen und die Creme ziehen lassen. Eier, Eigelbe und Zucker in einer Schüssel 1 Minute behutsam schaumig schlagen. Langsam die kochend heiße Kaffee-Milch durch ein Haarsieb auf die Eier-Zucker-Mischung geben. Dabei die ganze Zeit die Mischung mit dem Schneebesen schaumig schlagen. Mit einer Schaumkelle eventuell Bläschen von der Oberfläche abschöpfen.

Die Mischung bis zu 5 cm unter dem Rand in die mit Karamell gefüllten Förmchen gießen. So viel heißes Wasser in die Fettpfanne einfüllen, dass die Förmchen bis zur Hälfte darin stehen. Vorsichtig in den Backofen schieben und im Backofen 50 Minuten backen, danach sollte die Creme fest sein. Förmchen zum Abkühlen auf ein Kuchengitter setzen. Anschließend 4 Stunden im Kühlschrank kalt stellen.

Die Förmchen 10 Sekunden in kochendes Wasser tauchen und die Creme auf Teller stürzen. Restliches Karamell herauslöffeln und auf die Karamell-Creme verteilen. Die zerstoßenen Kaffeebohnen um die Creme herum garnieren. Gekühlt, aber nicht zu kalt servieren.

Katalanische Creme

¾ l Milch (am besten Ziegenmilch, ersatzweise Kuhmilch)
1 großzügiger TL Fenchelsamen, zerstoßen
1 kleine Zimtstange, in Stücke gebrochen
150 g Zucker
Schale von je 1 unbehandelten Zitrone und 1 unbehandelten Orange
2 Eier zzgl. 6 Eigelb
40 g Speisestärke
80 g brauner Rohrohrzucker oder feiner brauner Zucker

Ergibt 4 Portionen

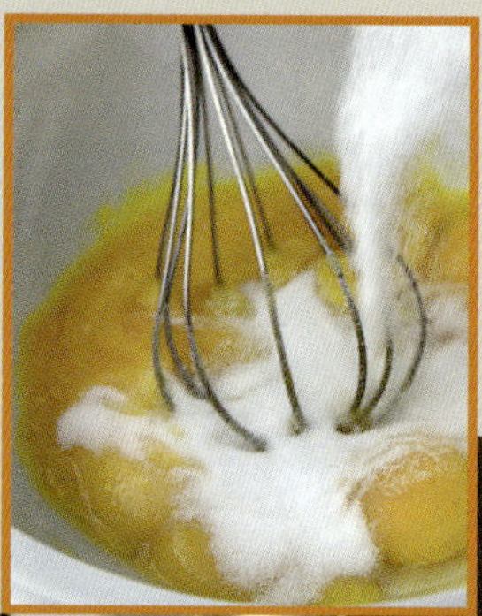

Milch, Fenchelsamen, Zimt und 100 Gramm Zucker in einen Topf geben und langsam aufkochen. Sobald die Milch kocht, sehr fein abgeriebene Zitrusschalen zufügen. Den Topf vom Herd nehmen und die Milch 5–10 Minuten ziehen lassen.

Eier, Eigelbe und die restlichen 50 Gramm Zucker in eine Schüssel geben und mit dem Schneebesen 30 Sekunden schaumig schlagen. Speisestärke zufügen und alles zu einer homogenen Masse rühren.

Die Milch unter kräftigem Rühren durch ein Sieb in die Ei-Mischung gießen. Anschließend zurück in den Topf füllen.

Diese Creme aus Katalonien in Spanien ist eines meiner Lieblingsdesserts. Sie kann am Vortag vorbereitet werden und wird dann über Nacht in den Kühlschrank gestellt. Erst kurz vor dem Servieren karamellisieren.

Die Masse 3 Minuten bei geringer Hitze unter ständigem Rühren eindicken lassen.

Mit einem Löffel die Creme auf einzelne Schälchen (14 cm Ø und 3 cm Höhe) verteilen und die Oberfläche mit dem Löffelrücken glatt verstreichen. Abkühlen lassen und anschließend für mindestens 2 Stunden in den Kühlschrank setzen.

Die Creme gleichmäßig mit braunem Zucker bestreuen und mit dem Gasbrenner oder unter dem möglichst heißen Backofengrill karamellisieren. 5 Minuten ruhen lassen, dann den Vorgang wiederholen, um eine möglichst dicke Karamellschicht zu bekommen.

Sofort servieren, dann kommt der Kontrast von warmem, knusprigem Karamell und kalter Creme besonders gut zur Geltung.

Crème brûlée mit Ingwer

Ergibt 6–8 Portionen

In ihrer klassischen Form ist die Crème brûlée ziemlich gehaltvoll, aber diese Variante ist durch den Ingwer frisch und leicht verdaulich.

80 g sehr frisches Stück Ingwer
½ l Milch
½ l Sahne
150 g Zucker
200 g Eigelb (etwa 10 Eier)
70 g brauner Rohrohrzucker
80 g in Sirup eingelegter Ingwer, fein gewürfelt (nach Belieben)

Den Backofen auf 100 °C (Gas Stufe ½) vorheizen. Den Ingwer schälen, fein reiben und in ein quadratisches Stück Musselin wickeln. Möglichst viel Saft in eine kleine Schale pressen.

Milch, Sahne und 90 Gramm weißen Zucker in eine Pfanne geben und erhitzen. Dabei zwischendurch immer wieder mit einem Schneebesen verquirlen, bis der Zucker sich aufgelöst hat. Zum Kochen bringen. Inzwischen die Eigelbe und den restlichen Zucker in einer Schüssel schaumig schlagen.

Sobald die Milch-Sahne-Mischung anfängt zu kochen, nach und nach unter ständigem Rühren über die Eigelb-Zucker-Masse gießen. Den Ingwersaft zufügen.

Dieses Gemisch auf Auflaufförmchen (15 cm Ø) verteilen. Im Backofen 50–55 Minuten garen, bis die Creme gestockt, aber in der Mitte noch etwas weich ist. Förmchen auf einem Kuchengitter abkühlen lassen und anschließend bis zum Servieren in den Kühlschrank setzen.

Kurz vor dem Servieren gleichmäßig mit dem braunen Zucker bestreuen und mit einem Gasbrenner oder unter dem möglichst heißen Backofengrill karamellisieren, bis sich eine feine, matte nussbraune Kruste bildet. Nach Belieben mit kandierten Ingwerwürfeln bestreuen und gleich servieren.

Panna cotta mit Feigen und Honig

Ergibt 6–8 Portionen

Der Honig gibt dem Dessert eine aparte Note. Wenn Sie den puren Geschmack der Panna Cotta bevorzugen, verwenden Sie ersatzweise Zucker. Möchten Sie die Panna cotta vor dem Servieren stürzen, fetten Sie die Förmchen vorher mit etwas Öl ein und verwenden Sie zusätzlich ½ Blatt Gelatine – Das sieht schön aus, allerdings ist die Konsistenz nicht mehr ganz so fein.

1 ½ Blatt Gelatine
300 g Crème double
200 ml Milch
100 g flüssiger Honig, oder 80 g Zucker
2 Vanilleschoten, längs aufgeschlitzt
3 frische reife Feigen, in dünne Scheiben geschnitten

Die Gelatine 5 Minuten in kaltem Wasser einweichen lassen. Crème double, Milch, Honig oder Zucker und die Vanilleschoten in einem Topf erhitzen, zwischendurch immer wieder umrühren. Sobald die Mischung anfängt zu kochen, den Topf vom Herd nehmen. Die Gelatine sofort abtropfen lassen, gut ausdrücken und darin auflösen.

Die Mischung durch ein Sieb in eine Schüssel geben, die in einer mit Eiswürfeln und etwas kaltem Wasser gefüllten größeren Schüssel steht. So kann die Creme rasch abkühlen. Zwischendurch immer wieder umrühren, bis die Creme völlig abgekühlt ist.

In der Zwischenzeit die Ränder von sechs bis acht Glasschälchen (8 cm Ø am oberen Rand) mit den Feigenscheiben auskleiden. Darauf achten, dass die Scheiben auch haften bleiben. Sechs bis acht Scheiben zum Garnieren beiseitelegen. Nun die Mischung vorsichtig einfüllen. Die Feigen sollten von der Creme bedeckt sein. Die Panna cotta mindestens 2 Stunden im Kühlschrank stocken lassen, oder über Nacht kühl stellen, wenn das Dessert bereits am Vortag vorbereitet wird.

Panna cotta 10 Minuten vor dem Servieren aus dem Kühlschrank nehmen und jeweils mit einer Feigenscheibe garnieren.

Panna cotta mit Vanille-Espresso

Ohne Feigen zubereiten. Die Panna cotta am Tisch mit starkem dampfendem Espresso übergießen … eine wahre Geschmacksexplosion.

Tiramisu im Glas mit kandierten Maronen

Ergibt 6 Portionen

Diese köstliche italienische Nachspeise ist überall beliebt. Wenn gerade Erdbeerzeit ist und die Früchte voller Süße und Geschmack sind, ersetze ich die kandierten Maronen durch Erdbeeren.

3 Eigelb
90 g Zucker
200 g Mascarpone
200 ml Sahne
60 g Puderzucker
3 Tassen sehr starker kalter Espresso
1 EL Sambuca (oder anderer Anislikör)
6 Löffelbiskuits (Seite 279), ersatzweise fertig gekauft
6 kandierte Maronen, längs halbiert
40 g Kakaopulver von guter Qualität

Die Eigelbe und den Zucker zu einer glatten, hellen und festen Creme aufschlagen. Den Mascarpone unterrühren.

Die Sahne mit dem Puderzucker steif schlagen, bis sich weiche Spitzen bilden. Mit einem Teigspatel vorsichtig unter die Mascarpone-Mischung heben. Wenn die Mischung sich gleichmäßig verbunden hat, die Creme abdecken und kühl stellen.

Den kalten Espresso und den Sambuca in eine flache Form gießen. (Diese sollte groß genug sein, um die Löffelbiskuits darin zu wenden.)

Zum Schichten des Tiramisus ein Drittel der cremigen Mascarpone-Mischung gleichmäßig auf sechs Dessertgläser verteilen. Sechs weniger schöne Maronenhälften zerkleinern und über die Creme krümeln.

Die Löffelbiskuits von beiden Seiten 2- bis 3-mal kurz in die Espresso-Mischung tauchen, sodass sie vollständig durchtränkt sind. Dann auf die Creme legen und mit den Fingerspitzen leicht andrücken. Den Rest der Creme auf die Gläser verteilen. Die Gläser einmal kurz auf die Arbeitsfläche klopfen, damit sich die Creme gleichmäßig darin verteilt. Für mindestens 3 Stunden kühl stellen.

Vor dem Servieren das Tiramisu großzügig mit Kakaopulver bestäuben und jeweils mit einer Maronenhälfte garnieren.

Zitronencreme

Ergibt 6 Portionen

Einfacher geht's nicht. Die samtige Textur und die Frische der Zitronen erfreuen und überraschen immer wieder aufs Neue.

6 unbehandelte Zitronen
375 g Zucker
700 g Crème double
30 g Pistazien, gehäutet und grob gehackt

2 Zitronen unter kaltem Wasser abspülen, trocken reiben und die Schale mit einem Zestenschneider fein abreiben. Abgeriebene Zitronenschale auf einen Teller in die Mikrowelle stellen und auf der höchsten Stufe 10 Sekunden trocknen. An einem trockenen Ort ruhen lassen.

Alle 6 Zitronen halbieren und den Saft auspressen. Den Saft durch ein Sieb in einen Topf geben, Zucker zufügen und bei geringer Hitze erwärmen. Mit einem Holzlöffel ständig umrühren, bis sich der Zucker vollständig aufgelöst hat. Vom Herd nehmen und beiseitestellen.

Die Crème double aufkochen. Den Zitronensirup zugießen und mit dem Holzlöffel gut verrühren. Mischung durch ein Sieb in einen Krug gießen.

Die Zitronencreme auf sechs Gläser oder Glasbecher verteilen und für mindestens 4 Stunden kühl stellen.

Die beiseitegestellte abgeriebene Zitronenschale und die gehackten Pistazien auf den Desserts verteilen und die Creme sofort servieren.

Hier warten zwei Welten darauf entdeckt zu werden: In einer versammeln sich luftige, wogende Soufflés, die stets eine geheimnisvolle Aura umweht ... Genau das Richtige für die Unerschrockenen unter Ihnen. Die Soufflés gelingen eigentlich problemlos, besonders wenn Sie den Schritt-für-Schritt-Fotos auf den nächsten Seiten folgen. Ich möchte Sie ermuntern, ganz mutig zu sein und sich direkt ins Abenteuer zu stürzen – Sie werden überrascht sein, was Ihnen alles gelingt. Die zweite Welt gibt den Blick frei auf himmlische Puddings. Sie mögen auf den ersten Blick vielleicht etwas altmodisch wirken, vor allem auf diejenigen, die noch nie wirklich überragende Puddings probiert haben. Sie gehören für mich zu den Desserts, die ich für Familie und Freunde am liebsten zubereite – häufig sogar auf deren ausdrücklichen Wunsch hin.

Heiße Soufflés & Puddings

Orangen-Soufflés

Ergibt 4 Portionen

Diese wundervollen Soufflés schmecken so gut wie sie aussehen und sind einfach zuzubereiten.

40 g weiche Butter für die Form
70 g Zucker zzgl. 40 g Zucker für die Form
¼ l frisch gepresster Orangensaft
⅛ l Milch
3 Eigelb zzgl. 6 Eiweiß
10 g Mehl
10 g Maisstärke
Schale von 2 unbehandelten Orangen
30 ml Grand Marnier (wahlweise)
20–30 g Puderzucker zum Bestäuben

Vier kleine Auflauf- oder Souffléförmchen (8 cm Ø und 6 cm Höhe) mit Butter einpinseln. 40 Gramm Zucker in ein Förmchen geben und durch Schwenken in alle Richtungen gleichmäßig darin verteilen. Überschüssigen Zucker in das nächste Förmchen geben und darin entsprechend verteilen. So weiter verfahren, bis alle Förmchen mit Zucker bestreut sind. Den Orangensaft im Topf bei mittlerer Temperatur auf die Hälfte (⅛ Liter) einkochen lassen.

Die Milch bei geringer Hitze langsam zum Kochen bringen und den reduzierten Orangensaft hineinrühren. Weiterrühren, bis die Mischung wieder kocht.

Eigelbe und 20 Gramm Zucker in einer Schüssel schaumig rühren, Mehl und Maisstärke zugeben und 1 Minute weiterrühren. Unter ständigem Rühren die aufkochende Milch und den Orangensaft zugießen, dann die sehr fein abgeriebene Orangenschale untermischen.

Der Grand Marnier betont die Orangennote des Soufflés. Je nach Geschmack können Sie ihn auch weglassen.

Den Backofen auf 190 °C (Gas Stufe 5) vorheizen. In einer sauberen Rührschüssel die Eiweiße zu steifen Spitzen schlagen. Nach und nach die restlichen 50 Gramm Zucker einrieseln lassen. Mit einem Schneebesen ein Drittel des Eischnees vorsichtig unter die Soufflé-Mischung heben.

Die Mischung zurück in den Topf gießen und mit dem Schneebesen bei geringer Hitze schlagen, bis sie wieder kocht. Unter Rühren 1 Minute leicht kochen lassen. Dann wahlweise den Grand Marnier einrühren. Die mit Orangen aromatisierte Konditorcreme in eine Schüssel füllen, mit Frischhaltefolie abdecken und 10 Minuten beiseitestellen.

Anschließend den restlichen Eischnee mit einem Teigspatel vorsichtig unterrühren, bis eine glatte, homogene Masse entstanden ist.

weiter auf der nächsten Seite

Mit einem großen Löffel die Soufflé-Masse in die vorbereiteten Förmchen füllen. Jedes Förmchen kurz auf die Arbeitsfläche klopfen, damit sich die Masse gut darin verteilt.

Mit der Klinge eines kleinen Messers am Innenrand der Form entlangstreichen. Dadurch kann das Soufflé im Backofen gleichmäßig aufgehen. Im Backofen 6–7 Minuten backen.

Aus dem Backofen nehmen und mit Puderzucker bestäuben. Jedes Förmchen auf einen mit einer Serviette ausgelegten Teller platzieren und sofort servieren.

Soufflés sind wirklich einfach in der Zubereitung und die Technik ist immer dieselbe. Eine Grundmischung, meist eine Konditorcreme, wird mit einem Fruchtpüree, Schokolade, Alkohol etc. aromatisiert und erhält durch steifen Eischnee eine luftige Konsistenz. Diese Masse wird in einer Auflaufform mit geradem Rand gebacken, sodass sie eindrucksvoll aufgehen kann.

Rhabarber-Soufflé Acht kleine Soufflléförmchen (10 cm Ø und 6 cm Höhe) wie für die Orangen-Soufflés vorbereiten. 200 Gramm zarte, junge Rhabarberstängel gründlich waschen und eventuell faserige Stellen entfernen. Rhabarber in Stücke schneiden und in sehr wenig Wasser in einem Topf mit Deckel bei geringer Hitze weich garen. Den Rhabarber in der Küchenmaschine pürieren und das Püree unter 250 Gramm warme Konditorcreme (Seite 273) mischen. In einer Rührschüssel 8 Eiweiße mit 20 Gramm Zucker halbsteif schlagen und unter die Soufflé-Grundmischung heben. Die vorbereiteten Förmchen gleichmäßig damit füllen und wie die Orangen-Soufflés backen. Ergibt 4 Portionen.

Schokoladen-Whisky-Soufflé Acht kleine Soufflléförmchen (10 cm Ø und 6 cm Höhe) wie die Orangen-Soufflés vorbereiten. 50 Milliliter Whiskylikör unter 350 Gramm warme Konditorcreme (Seite 273) mischen. In einer Rührschüssel 8 Eiweiße mit 20 Gramm Zucker halbsteif schlagen und unter die Soufflé-Grundmischung heben. 80 Gramm dunkle Schokolade (vorzugsweise Kuvertüre) fein hacken und locker unter die Soufflé-Masse mischen. Die vorbereiteten Förmchen gleichmäßig damit füllen und wie die Orangen-Soufflés backen. Ergibt 4 Portionen.

Passionsfrucht-Kiwi-Soufflé

Ergibt 10 Portionen

70 g weiche Butter für die Form
70 g Zucker zzgl. 70 g Zucker für die Form
5–6 Kiwis
8–10 Passionsfrüchte
6 Eiweiß

Für die Konditorcreme:
4 Eigelb
50 g Zucker
25 g Mehl
¼ l Milch

Zum Garnieren:
2 Kiwis
3 Passionsfrüchte

Zehn Souffléförmchen (10 cm Ø und 6 cm Höhe) mit der weichen Butter einpinseln (wahlweise 16 kleinere Förmchen mit 8 cm Ø und 6 cm Höhe.) 70 Gramm Zucker in ein gebuttertes Förmchen geben und durch Schwenken gleichmäßig darin verteilen. Überschüssigen Zucker in die übrigen Förmchen geben und darin verteilen, bis alle Förmchen mit Zucker bestreut sind.

Die Kiwis schälen, in Stücke schneiden und in der Küchenmaschine 30 Sekunden pürieren. (Keinesfalls länger, da sonst die Kerne zerkleinert werden und einen bitteren Saft produzieren.) Durch ein Sieb in eine Schüssel passieren und mit einer Schöpfkelle den restlichen Saft herausdrücken. Sie benötigen etwa 45 Milliliter Saft.

Die Passionsfrüchte halbieren. Fruchtfleisch und Kerne mit einem Löffel herauskratzen und in der (sauberen) Küchenmaschine 45 Sekunden zerkleinern. Durch ein Sieb in eine Schüssel passieren und mit einem Schöpfkelle den restlichen Saft herausdrücken. Sie benötigen etwa 90 Milliliter Saft.

Für die Konditorcreme die Eigelbe mit einem Drittel des Zuckers schaumig schlagen. Das Mehl gründlich unterarbeiten. Die Milch mit dem restlichen Zucker in einem großen Topf erhitzen. Sobald die Milch anfängt zu kochen, den Passionsfruchtsaft zufügen und unter gelegentlichem Rühren erneut aufkochen. Unter ständigem Rühren über die Eigelb-Mischung gießen. Die Creme zurück in den Topf geben und bei mittlerer Temperatur unter ständigem

Abbildung auf der Vorderseite

Im Waterside Inn backen wir häufig Soufflés für 80 Personen gleichzeitig ... Haben Sie keine Angst und verwöhnen Sie Ihre Gäste. Soufflés sind wirklich einfach in der Zubereitung und Sie können Ihre Gäste mit Ihrem Können und Ihrer Kompetenz in Staunen versetzen.

Rühren 2 Minuten sprudelnd aufkochen. In eine Schüssel füllen und 5 Minuten abkühlen lassen. Anschließend den Kiwisaft mit einem Schneebesen gut unterrühren.

Den Backofen auf 190 °C (Gas Stufe 5) vorheizen. In einer sauberen Rührschüssel Eiweiße zu steifen Spitzen schlagen. Nach und nach 70 Gramm Zucker einrieseln lassen und weiterschlagen, bis eine steife Masse entsteht. Mit einem Schneebesen ein Drittel des Eischnees vorsichtig unter die lauwarme Konditorcreme (40–50 °C) heben. Anschließend den restlichen Eischnee mit einem Teigspatel vorsichtig unterheben und nur kurz mischen.

Die vorbereiteten Förmchen auf ein mit Backpapier ausgelegtes Backblech stellen und mit einem großen Löffel die Soufflé-Masse einfüllen. Falls nötig, die Oberfläche mit einer Streichpalette glatt verstreichen. Mit der Klinge eines kleinen Messers am Innenrand der Form entlangstreichen. Dadurch kann das Soufflé im Backofen gleichmäßig aufgehen. Im Backofen 7 Minuten backen (5–6 Minuten bei kleinen Förmchen).

Aus dem Backofen nehmen und sofort mit einer Kiwischeibe belegen und ein wenig Fruchtfleisch und Kerne der Passionsfrucht um die Kiwi herum verteilen. Jedes Förmchen auf einen mit einer Serviette ausgelegten Teller setzen und sofort servieren.

HINWEIS **Die Konditorcreme kann auch im Voraus vorbereitet und in der Mikrowelle aufgewärmt werden.**

Birnen-Soufflés mit Pistazien

Ergibt 8 Portionen

Diese kleinen Soufflés mit herrlichem Birnenaroma sind leicht und elegant zugleich. Ich schätze den Kontrast von knackigen Pistazien und weichem, luftigem Soufflé.

Für die pochierten Birnen:
200 g Zucker
Saft von 1 Zitrone
4 schön reife Birnen

Für die Soufflé-Mischung:
30 g Speisestärke
150 ml Eau-de-Vie Williamsbirne
50 g weiche Butter für die Form
25 g Zucker zzgl. 50 g Zucker für die Form
4 mittelgroße Eiweiß

Zum Garnieren:
32 Pistazien, gehäutet und grob gehackt

Für die pochierten Birnen ½ Liter Wasser in einen mittelgroßen Topf geben. Zucker und Zitronensaft zufügen, bei mittlerer Temperatur auflösen lassen und zum Kochen bringen. Die Birnen schälen, halbieren und vom Kerngehäuse befreien. Die Früchte ebenfalls in den Topf geben und 10 Minuten weich garen. Birnen und so viel Sirup in eine Schüssel geben, dass 200 Milliliter Sirup im Topf verbleiben. Diesen Sirup auf die Hälfte reduzieren.

Den reduzierten Birnensirup zusammen mit sechs Birnenhälften im Standmixer zu Püree verarbeiten. Die restlichen zwei Birnenhälften im restlichen Sirup belassen. Das Birnenpüree in einen kleinen Topf geben. Die Speisestärke mit dem Eau-de-Vie mischen, unter das Püree rühren und bei geringer Hitze unter ständigem Rühren 4–5 Minuten köcheln lassen. In eine Schüssel füllen, mit Frischhaltefolie abdecken und beiseitestellen.

Den Backofen auf 180 °C (Gas Stufe 4) vorheizen. Acht kleine Becherförmchen (8 cm Höhe und 5 cm Breite am oberen Rand) mit Butter einpinseln. 50 Gramm Zucker in ein gebuttertes Förmchen geben und durch Schwenken gleichmäßig darin verteilen. Überschüssigen Zucker in die übrigen Förmchen geben und darin verteilen, bis alle mit Zucker bestreut sind.

In einer Rührschüssel Eiweiße zu steifen Spitzen schlagen. 25 Gramm Zucker einrieseln lassen und weiterschlagen, bis der Eischnee schön fest ist. Mit einem Schneebesen ein Drittel des Eischnees vorsichtig unter das Birnenpüree rühren, um es aufzulockern. Den restlichen Eischnee mit einem Teigspatel vorsichtig unterheben, sodass sich die Zutaten gerade verbinden.

Die Förmchen bis zum Rand mit der Soufflé-Masse füllen und 4 Minuten im Backofen backen. Die restlichen zwei Birnenhälften würfeln. Die Soufflés auf Teller stürzen. Mit Sirup beträufeln und mit Birnenwürfeln und Pistazien garnieren.

Warme Schokoladen-Fondants

Ergibt 10–12 Portionen

200 g weiche Butter zzgl. 20 g Butter für die Form
200 g dunkle Schokolade von guter Qualität (möglichst Valrhona), fein gehackt
200 g Puderzucker zzgl. etwas Puderzucker zum Bestäuben
4 Eier, mit 4 Eigelb verquirlt
55 g Mehl
35 g dunkles Kakaopulver
½ l warme Schokoladen-Creme (Seite 58) zum Garnieren

Die Innenseite von 12 Metallringen (5 cm Ø und 3,5 cm Höhe) mit weicher Butter einpinseln und jeden Ring von innen mit einem 5 cm hohen Streifen Backpapier auskleiden (Abbildung Seite 94). Die Ringe auf ein mit Backpapier ausgelegtes Backblech setzen.

Den Backofen auf 190 °C (Gas Stufe 5) vorheizen. Die Schokolade in eine feuerfeste Schüssel auf einen Topf setzen, der zu einem Drittel mit heißem Wasser gefüllt ist. Darauf achten, dass der Schüsselboden nicht mit dem Wasser in Berührung kommt. Die Schokolade bei geringer Hitze schmelzen lassen, vom Herd nehmen und an einem warmen Ort beiseitestellen.

Mit einem elektrischen Mixer Butter und Puderzucker zu einer hellen schaumigen Masse aufschlagen. Unter ständigem Rühren nach und nach die Eier einzeln zufügen und alle Zutaten zu einem glatten Teig verarbeiten. Auf niedriger Stufe nach und nach die geschmolzene Schokolade unterrühren. Mehl und Kakaopulver in den Teig sieben und mit einem langen Metalllöffel behutsam untermischen.

Abbildung auf der Vorderseite

Fondants können erheblich variieren, aber dies sind die besten Fondants, die ich je probiert habe. Hier nun meine Variante eines Rezeptes von Claire Clark, der begabten Gallionsfigur der englischen Pâtisserie-Kunst. Als erste Frau erhielt sie die angesehene Auszeichnung „Meilleur Ouvrier de la Grande-Bretagne". Claire ist eine wahre Künstlerin und teure Freundin.

Die vorbereiteten Förmchen bis zum Rand mit Teig füllen. Für die Garprobe einen kleinen Metallspieß in die Mitte eines Törtchens stecken. Wenn die Mitte noch sehr feucht ist, ist der Teig noch nicht fertig gebacken. Wenn der Teig sich weich anfühlt und der Spieß mühelos hineingestochen werden kann, sind die Törtchen gar – die Mitte sollte auf jeden Fall etwas feucht sein. Die kleinen Kuchen aus dem Backofen nehmen und 30 Sekunden auf dem Backblech auskühlen lassen.

Die Ringe entfernen, die kleinen Kuchen mit einer kleinen Streichpalette auf Teller heben und das Backpapier ablösen. Die Oberfläche mit Puderzucker bestäuben und etwas Schokoladen-Creme um jedes Küchlein träufeln. Sofort servieren.

HINWEIS Anstelle der Metallringe können auch kleine Auflaufförmchen verwendet werden. Die Küchlein dann nach dem Backen direkt auf Teller stürzen.

Sie können für dieses Rezept 1 Portion Briocheteig verwenden. Auch ein guter Panettone eignet sich hervorragend für ein Pain perdu – wörtlich „Verlorenes Brot“. Servieren Sie es mit einer frischen Apfelsauce (Seite 23), die das Dessert etwas leichter macht.

Pain perdu

Ergibt 4 Portionen

600 g Briocheteig (Seite 278) zzgl. 120 g Rosinen, oder ersatzweise 500 g Panettone (vom Bäcker)
verquirltes Eigelb (1 Eigelb und 2 TL Milch)
¼ l kalte Milch
50 g Crème fraîche
1 Ei zzgl. 1 Eigelb
1 Prise Salz
140 g Butter
50 g Kristallzucker zum Bestreuen, ersatzweise 50 ml Ahornsirup zum Beträufeln, zzgl. Sirup zum Garnieren

Wenn ein Briocheteig verwendet wird, die Rosinen unter den Teig kneten. Den Teig auf einer mit Mehl bestäubten Arbeitsfläche zu einer Rolle von 3 cm Ø formen und auf ein Backblech setzen. (Oder alternativ eine längere Rolle von 1,5 cm Ø formen und zum Zopf drehen.) Bei 24 °C (etwa in einem Wäscheschrank) 1½ Stunden gehen lassen, bis der Teig sein Volumen verdoppelt hat. Den Backofen auf 200 °C (Gas Stufe 6) vorheizen.

Die Brioche mit dem verquirlten Eigelb bestreichen. Falls der Teig nicht zum Zopf geformt ist, die Enden im Abstand von 2 cm mit einer Küchenschere 1 cm tief einschneiden. Im Backofen 10 Minuten backen, anschließend die Temperatur auf 170°C (Gas Stufe 3) herunterdrehen und die Brioche weitere 20 Minuten backen. Auf einem Kuchengitter auskühlen lassen.

Milch, Crème fraîche, Ei, Eigelb, Salz und Zucker in einer Rührschüssel mit einem Schneebesen leicht verquirlen. Die Brioche in mindestens acht etwa 1,5 cm dicke Scheiben schneiden. Die Milch-Ei-Mischung in eine flache Form geben, die groß genug für alle Briochescheiben ist. Die Scheiben in der Milch-Ei-Mischung einweichen lassen und nach 2 Minuten einmal wenden.

In einer großen Pfanne 80 Gramm Butter erhitzen. Sobald die Butter anfängt zu schäumen, die Briochescheiben in die Pfanne legen. Nach 1 Minute die restliche Butter in Flöckchen zwischen den Briochescheiben verteilen und die Scheiben wenden. Sie sollten leicht gebräunt sein. Etwa 1–2 Minuten auf der Rückseite backen, bis sie rundherum schön goldbraun sind. Nun mit Kristallzucker bestreuen oder mit Ahornsirup beträufeln.

Jeweils zwei Scheiben auf jedem Teller anrichten und sofort servieren. Zucker oder Ahornsirup dazu reichen.

Kardamom-Reis-Puddings mit Mandarinen

Ergibt 8 Portionen

Diese kleinen Reispuddings sind innen weich und klebrig und einfach köstlich. Die Mandarinen fügen einen erfrischenden Zitrusgeschmack hinzu.

¾ l Milch
75 g Rundkornreis
8 Kardamomkapseln, zerstoßen
6 Eigelb
75 g Zucker

Für den Karamell:
120 g Zucker
30 g flüssige Glukose (wahlweise)

Zum Garnieren:
8 Mandarinen

Milch zum Kochen bringen und Reis zufügen. Kardamomkapseln in ein Stück Musselin wickeln und dazugeben. Den Reis 15 Minuten köcheln lassen, gelegentlich umrühren. Milchreis vom Herd nehmen, Deckel auflegen und 10 Minuten beiseitestellen. Kardamom entfernen. Eigelbe und Zucker schaumig schlagen und in den Milchreis einrühren.

Für den Karamell in einem kleinen Topf den Zucker in 2 Esslöffeln Wasser auflösen und leicht aufkochen lassen. Mit einem feuchten Pinsel mögliche Zuckerkristalle herunterstreichen, die sich am Topfrand absetzen. Falls flüssige Glukose verwendet wird, diese zugeben. Alle Zutaten köcheln lassen, bis die Mischung leicht karamellisiert. Den Karamell auf acht Förmchen (7 cm Ø und 3,5 cm Höhe) verteilen. Diese beim Einfüllen drehen, damit auch die Seitenränder zur Hälfte mit dem Karamell bedeckt sind. In eine flache Form setzen. Den Backofen auf 120 °C (Gas Stufe ½) vorheizen.

Den Milchreis auf die Förmchen verteilen. So viel heißes Wasser in die Form einfüllen, dass die Förmchen zur Hälfte darin stehen. Die Puddings in den Backofen schieben und 50 Minuten garen, danach sollte der Milchreis fest sein. Die Förmchen abkühlen lassen. Anschließend 4 Stunden im Kühlschrank kalt stellen.

Mandarinen filetieren, dabei den Saft auffangen (Seite 14). Den Boden jedes Förmchens 10 Sekunden in kochendes Wasser tauchen und die Puddings auf Teller stürzen. Karamell aus den Förmchen kratzen, mit Mandarinensaft mischen und um die Puddings herum träufeln. Mit Mandarinenfilets garnieren.

Gekochter Pudding mit Pfütze

Für 6–8 Portionen

Abbildung auf der Vorderseite

Ich liebe diesen wohlig-warmen Pudding wirklich sehr. Er mag zwar auf den ersten Blick nicht allzu viel hermachen, aber er schmeckt einfach köstlich. Ich serviere ihn gern mit einem Kännchen warmer Crème Anglaise (Seite 56) oder Schlagsahne.

Für den Teig:
500 g Mehl
15 g Backpulver
250 g Rinderfett (beim Metzger vorbestellen), grob zerkleinert
140 ml Milch
1 Prise Salz

Für die Füllung:
250 g Butter, gewürfelt, zzgl. weiche Butter für die Form
250 g brauner Rohrohrzucker
1 große Zitrone, Schale dünn geschält

Mehl, Backpulver und Rinderfett in eine große Rührschüssel geben und mit den Fingerspitzen vermischen. Anschließend 140 Milliliter Wasser, Milch und Salz zufügen und mit dem Händen zu einem weichen, glatten Teig verkneten. Die Schüssel mit einem Küchentuch abdecken und den Teig 30 Minuten kühl stellen.

Eine Puddingform (1 Liter Fassungsvermögen) mit Butter einpinseln. Auf einer mit Mehl bestäubten Arbeitsfläche drei Viertel des Teigs zu einem 1 cm dicken Kreis ausrollen und die Form damit auskleiden. Die Seitenränder leicht andrücken.

Mit den Fingerspitzen die Butter mit dem Zucker mischen und in die mit Teig ausgekleidete Form geben. Die Zitrone mehrfach mit einer Gabel einstechen und in die Butter-Zucker-Mischung legen.

Den restlichen Teig zu einem 18 cm großen Kreis ausrollen. Die oberen Ränder des Teigs, mit dem die Form ausgekleidet ist, mit Wasser einpinseln und den Teigkreis wie einen Deckel darauflegen. Mit Daumen und Zeigefinger die Ränder der beiden Teigschichten gut zusammendrücken.

Die Puddingform mit einem Kreis aus Backpapier in entsprechender Größe abdecken. In der Mitte des Kreises Falten einlegen, damit der Pudding Platz zum Aufgehen hat. Zum Schluss mit einem runden oder einem in Falten gelegten Stück Alufolie abdecken und die Form oben am Rand mit Küchengarn umwickeln. Den Pudding in einen großen Topf stellen und so viel heißes Wasser einfüllen, dass die Form zur Hälfte darin steht. Gut abdecken und 3 Stunden garen. Falls nötig, kochendes Wasser nachfüllen. Die Form sollte nicht trocken stehen.

Die Folien entfernen. Den Pudding auf eine große Servierplatte stürzen und sofort servieren.

Zitronenpudding

Ergibt 4–6 Portionen

Dieser klassische englische Familienpudding besteht oben aus einem Biskuitboden, unter dem sich eine cremige, zitronige Sauce verbirgt. Mein Bruder Albert hat ihn in den 1960er-Jahren häufig gekocht.

45 g weiche Butter zzgl. 20 g Butter für die Form
240 g Zucker
Schale von 1 unbehandelten Zitrone
2 Eier, getrennt
3 EL Mehl
1 Msp. Backpulver
300 ml Milch
Saft von 1½ Zitronen

Eine runde feuerfeste Auflaufform (16 cm Ø) mit Butter einpinseln (oder eine ovale Form mit gleichem Fassungsvermögen).

Die Butter, 220 Gramm Zucker und die fein abgeriebene Zitronenschale in einer Rührschüssel mit dem Schneebesen 1 Minute schaumig rühren. Die Eigelbe zufügen und alles zu einem sehr glatten Teig verarbeiten. Das Mehl und das Backpulver mischen und sieben. Im Wechsel mit der Milch nach und nach zugeben. Zu einem glatten, homogenen Teig verrühren. Den Zitronensaft zufügen.

In einer zweiten Schüssel die Eiweiße zu weichen Spitzen schlagen. Die restlichen 20 Gramm Zucker einrieseln lassen und die Eiweiße steif schlagen. Mit einem Gummispatel die Eiweiße locker unter die Pudding-Masse heben. Die Masse in die vorbereitete Form füllen.

Die Form in eine flache Fettpfanne setzen und (bei etwa 60 °C) so viel Wasser einfüllen, dass die Form zur Hälfte darin steht. Vorsichtig in den Backofen schieben und den Pudding 55 Minuten backen, bis er goldgelb und gut aufgegangen ist.

Den Pudding vor dem Servieren 10 Minuten ruhen lassen.

Ich serviere zum Pudding gern eine Johannisbeersauce (Seite 20) oder ein Kännchen mit dickflüssiger Sahne.

Diese Gerichte wecken in mir Erinnerungen an meine Kindheit – glückliche Momente in den Schürzenfalten meiner Mutter, während sie mit viel Liebe all diese Köstlichkeiten zubereitete – dann die wunderbaren Momente am Esstisch, wenn wir die dampfenden Speisen voller Genuss verzehrten. Diese Desserts aus der Zeit meiner Mutter – und auch meiner Großmutter – schmecken heute noch genauso gut wie damals. Ich kann ihnen nicht widerstehen und werde ihrer nie überdrüssig. Preiswert und schnell entstehen Desserts, deren pure Aromen den Raum erfüllen und den Geschmacksknospen in angenehmer, einzigartiger Weise schmeicheln.

Crêpes, Teigtaschen & Beignets

Crêpes

Ergibt 16–18 Stück

125 g Mehl
15 g Zucker
1 Prise Salz
2 Eier
325 ml Milch
100 g Crème double
einige Tropfen Vanille-Extrakt oder Orangenblütenwasser, ersatzweise ein wenig abgeriebene Zitronenschale
20 g geklärte Butter (Seite 283) zum Backen

Für den Teig Mehl, Zucker und Salz in eine Schüssel geben. Eier zufügen und mit dem Schneebesen verrühren. Dann 100 Milliliter Milch hinzufügen und alle Zutaten zu einem glatten Teig verarbeiten. Nach und nach die restliche Milch und die Crème double unterrühren. Den Teig an einem warmen Ort etwa 1 Stunde ruhen lassen.

Vor dem Backen den Teig kräftig umrühren und mit Vanille, Orangenblütenwasser oder Zitronenschale aromatisieren. Eine Pfanne (22 cm Ø) mit etwas geklärter Butter einpinseln und erhitzen. Ein wenig Teig einfüllen und die Pfanne leicht schwenken, damit der Teig sich gleichmäßig darin verteilt. Die Crêpe etwa 1 Minute bei mittlerer Hitze backen.

Sobald sich auf der Oberfläche kleine Löcher bilden, die Crêpe wenden und weitere 30–40 Sekunden backen. Die fertigen Crêpes zwischen Backpapier auf einem Teller stapeln und die restlichen Crêpes backen.

Die Crêpes mit Zucker bestreuen und großzügig mit Zitronensaft beträufeln. Anschließend aufrollen oder zu Vierteln zusammenfalten und sofort essen. Oder entsprechend füllen. Vorschläge dazu auf der nächsten Seite.

Crêpes mit Mandelcreme Den Backofen auf 180 °C (Gas Stufe 4) vorheizen. 180 Gramm Konditorcreme (Seite 273) mit 300 Gramm Mandelcreme (Seite 273) schaumig rühren. Dann wahlweise mit 50 Milliliter dunklem Rum aromatisieren. Acht fertig gebackene Crêpes mit der Creme-Mischung bestreichen, dabei einen 1,5 cm breiten Rand aussparen. Die Crêpes jeweils zu Vierteln falten. Die gefüllten Crêpes auf ein leicht gefettetes Backblech legen und großzügig mit 30 Gramm Puderzucker bestäuben. Das Backblech für 5 Minuten in den Backofen schieben, damit der Puderzucker schmilzt und leicht karamellisiert. Falls nötig, einige Sekunden unter den heißen Grill setzen. Sofort servieren. Ergibt 8 Portionen.

Crêpes mit Sommerbeeren Eine Portion Himbeer- oder Brombeersauce (Seite 21) bereithalten. Auf acht vorgewärmte Teller jeweils eine warme Crêpe legen. 150 Gramm Himbeeren und 150 Gramm Brombeeren darauf verteilen. Eine zweite Crêpe darauflegen. Diese ein wenig zurückklappen, damit die Früchte zu sehen sind. Die Fruchtsauce darauf verteilen, mit Puderzucker bestäuben und die Crêpes sofort servieren. Ergibt 8 Portionen.

Bananen-Soufflé-Crêpes mit Schokoladensauce

Ergibt 8 Portionen

4 schöne reife mittelgroße Bananen
Saft von 1 Zitrone
50 ml Milch
3 Eigelb
60 g Zucker
1 EL Speisestärke
7 Eiweiß
8 Crêpes von 16 cm Ø (Seite 108)
30 g Butter für die Form
½ Portion Schokoladensauce (Seite 274)

Den Backofen auf 190 °C (Gas Stufe 5) vorheizen. Ungeschälte Bananen auf ein Backblech legen und im Backofen 5 Minuten garen. Wenden und weitere 5 Minuten backen. Die Haut sollte schwarz sein, wenn die Bananen aus dem Backofen kommen. Zum Abkühlen 10 Minuten beiseitestellen.

Mit einem kleinen Messer die Schale von den Banane entfernen und das Fruchtfleisch durch ein Sieb oder eine Passiermühle drücken und 350–400 Gramm Püree auffangen. Das Bananenpüree mit dem Zitronensaft in einen kleinen Topf geben und unter Rühren die Milch zufügen. Bei geringer Hitze aufkochen lassen, dabei jede Minute umrühren.

In der Zwischenzeit die Eigelbe mit 20 Gramm Zucker in einer kleinen Schüssel schaumig rühren. Nach 1 Minute Speisestärke unterrühren und alles zur Bananen-Milch-Mischung gießen und mit einem Schneebesen gut verrühren. Noch 1 Minute köcheln lassen. Dann den Topf vom Herd nehmen, mit Frischhaltefolie abdecken und beiseitestellen. Die Backofentemperatur auf 180 °C (Gas Stufe 4) herunterdrehen.

Abbildung auf der Vorderseite

Dieses Rezept hat seine Tücken, wenn nur kleine Portionen zubereitet werden. Sind Sie beim Essen nur zu viert, dann empfehle ich Ihnen, jeweils zwei Crêpes zu essen. Das ist kein Problem – die Crêpes sind leicht, schmecken einfach göttlich und verwöhnen den Gaumen auf köstliche Weise.

In einer sauberen Schüssel die Eiweiße zu weichen Spitzen schlagen. Nach und nach die restlichen 40 Gramm Zucker einrieseln lassen und weiterschlagen, bis der Eischnee schön fest ist. Mit einem Schneebesen ein Drittel des Eischnees unter die abgekühlte Bananen-Mischung geben, dann den restlichen Eischnee mit einem Teigspatel unterheben.

Jede Crêpe auf ein gefettetes Stück Backpapier legen. Einen großzügigen Löffel der Bananen-Soufflé-Masse auf eine Crêpe-Hälfte geben. Mit einer Streichpalette die andere Hälfte über das Soufflé schlagen, jedoch nicht fest andrücken (Abbildung Seite 112). Die gefüllten Crêpes für 5 Minuten in den Backofen schieben.

Die fertigen Crêpes mit einer Streichpalette auf vorgewärmte Teller heben. Mit ein wenig Schokoladensauce dekorativ beträufeln und gleich servieren. Die restliche Schokoladensauce dazu reichen.

Birnentaschen

Ergibt 6 Portionen

Schön knusprig von außen und zart schmelzend von innen – diese heißen kleinen Teigtaschen sind ein kulinarischer Genuss. Sie lassen sich einige Stunden vorher vorbereiten und müssen dann nur noch rechtzeitig in den Backofen geschoben werden. Die Birnen können Sie bereits am Vortag pochieren.

500 g Zucker
8 Gewürznelken
4 schön reife Birnen
300 g Blätterteig, einfach (Seite 281)
6 Crêpes von 18–20 cm Ø (Seite 108)
8 frische Minzeblätter, fein gehackt
Traubenkern- oder Erdnussöl zum Frittieren
Kristallzucker zum Bestreuen

In einem Topf ½ Liter Wasser mit dem Zucker und den Gewürznelken bei geringer Hitze zum Kochen bringen. Den Sirup bei 90 °C köcheln lassen. In der Zwischenzeit die Birnen schälen, halbieren und vom Kerngehäuse befreien. In den Sirup geben und etwa 10 Minuten darin garen. Den Topf vom Herd nehmen. Die Birnen im Sirup abkühlen lassen und anschließend in den Kühlschrank setzen.

Auf einer mit Mehl bestäubten Arbeitsfläche die Hälfte des Teigs möglichst dünn ausrollen. Der Teig sollte nicht dicker als 2 cm sein. Auf ein mit Backpapier ausgelegtes Backblech heben und kühl stellen. Mit dem restlichen Teig ebenso verfahren. Den Teig zwischen Backpapier auf den Teig im Kühlschrank legen.

Die Birnen abtropfen lassen und in 2 cm dicke Würfel schneiden. Die Crêpes in ausreichend große Stücke schneiden, um die Birnenwürfel darin einzuwickeln. Jeden Birnenwürfel in der gehackten Minze wenden und in die Crêpe-Stücke wickeln. Den Teig in 8 cm große Quadrate schneiden. Jeweils eine Birne im Crêpe-Mantel in die Mitte eines Teigquadrats setzen, die Seiten über der Mitte zusammenfalten, die Ecken fest zusammendrücken und gut verschließen. Für 10 Minuten kühl stellen.

Das Öl in der Fritteuse oder in einem hohen Topf auf 170 °C erhitzen. Nun Portionen von 8–10 Päckchen nacheinander jeweils 4–5 Minuten im heißen Öl frittieren, bis sie nussbraun und knusprig sind. Auf Küchenpapier abtropfen lassen und warm halten.

Die kleinen Taschen mit Zucker bestreuen und heiß servieren.

Beeren-Beignets

Ergibt 8–10 Portionen

Diese Beignets sind leicht und beim Hineinbeißen fein knusprig. Als Beilage passt die Fruchtsauce aus roten Beeren (Seite 20) ganz wunderbar.

Für den Teig:
7 g frische Hefe
75 ml Milch zzgl. etwas Milch (falls nötig)
130 g Mehl
1 Prise Salz
60 ml helles Bier
1 Ei, getrennt
2 EL Erdnussöl
20 g Zucker

Zum Backen und Garnieren:
Traubenkernöl zum Frittieren
500 g gemischte rote Früchte (große Erdbeeren mit Grün, große Brombeeren, Kirschen mit Stängel)
Kristallzucker oder feiner Zucker zum Bestreuen

Für den Teig die Hefe zerbröseln und in einem Drittel Milch auflösen. Mehl und Salz in einer großen Schüssel mischen und nach und nach unter ständigem Rühren mit einem Schneebesen die restliche Milch, das Bier und das Eigelb zugießen. Die Hefe-Milch-Mischung zusammen mit dem Erdnussöl zufügen. Alle Zutaten gut verrühren und den glatten Teig mit Frischhaltefolie abdecken und mindestens 2 Stunden ruhen lassen.

Kurz vor dem Servieren die Eiweiße mit dem Zucker in einer sauberen Schüssel zu festen Spitzen schlagen und unter den Teig heben. Nur kurz untermischen, damit sich die Zutaten gerade so verbinden.

Das Traubenkernöl in einer Fritteuse oder in einem hohen Topf auf 160–170 °C erhitzen. Um die Konsistenz des Teigs zu kontrollieren, mit einer Gabel eine einzelne Frucht in den Teig tauchen, diese ins heiße Öl geben und 1½–2 Minuten frittieren. Mit einem Schaumlöffel herausheben und auf Küchenpapier gut abtropfen lassen. Das Beignet halbieren. Sollte der Teigmantel zu dick sein, eventuell noch ½–1 Esslöffel Milch unter den Teig rühren.

Nun nacheinander Portionen von jeweils sechs bis acht Früchten frittieren. Dazu jede Frucht in den Teig tauchen, ins Öl geben und in 1½–2 Minuten goldbraun frittieren. Zum Abtropfen auf ein mit Küchenpapier ausgelegtes Tablett legen. Frittierte Beignets warm halten und vor dem Servieren mit etwas Zucker bestreuen.

Kirsch-Clafoutis

Ergibt 8 Portionen

4 Eier
160 g Mehl
160 g Butter, geschmolzen und abgekühlt
300 ml Milch
120 g Zucker
2 Vanilleschoten, längs aufgeschlitzt
60 g Butter
400 g schöne reife Kirschen, entsteint
etwas Kristallzucker zum Bestreuen

Den Backofen auf 200 °C (Gas Stufe 6) vorheizen. Die Eier in der Schüssel verquirlen, dann das Mehl leicht unterrühren. Geschmolzene und abgekühlte Butter zugeben und nach und nach die Milch und den Zucker einrühren. Mit einem Messer das Mark aus der Vanilleschote herauskratzen und zum Teig geben.

Anschließend 20 Gramm Butter in kleine Stücke schneiden und beiseitestellen. Eine feuerfeste Auflaufform (22 cm Ø und 2–4 cm Höhe) mit den restlichen 40 Gramm Butter großzügig einfetten. Die Kirschen gleichmäßig auf dem Boden der Form verteilen und den Teig darübergießen.

Die Form vorsichtig in den Backofen schieben und das Clafoutis 10 Minuten backen, dann die Backofentemperatur auf 180 °C (Gas Stufe 4) herunterdrehen und weitere 15 Minuten backen. Die restliche Butter in kleinen Flöckchen auf dem Clafoutis verteilen und weitere 5 Minuten backen. Für die Garprobe ein scharfes Messer in die Mitte hineinstechen. Wenn beim Herausziehen nichts kleben bleibt, ist der Clafoutis fertig gebacken.

Mit Kristallzucker bestreuen und 5 Minuten ruhen lassen. Den Clafoutis noch warm in der Form servieren.

Sie können den Clafoutis je nach Jahreszeit auch mit anderen Früchten zubereiten. Pflaumen schmecken immer, vor allem die Sorte Reineclaude.

Crumpets mit Johannisbeeren

Ergibt 10 Portionen (zzgl. zusätzliche Crumpets)

Crumpets lassen sich gut einfrieren. Deshalb lohnt es sich, gleich die doppelte Menge zu backen. Genau das habe ich gemacht und eine Hälfte der Hefeküchlein eingefroren. Vor dem Servieren können Sie die Crumpets auftauen und im Backofen oder im Toaster kurz erwärmen.

450 g Mehl
14 g frische Hefe
½ TL Natron
10 g Salz
500 g rote Johannisbeeren
½ l Zuckersirup (Seite 275)
400 g Crème double, ersatzweise Clotted Cream (im guten Feinkostladen vorbestellen)
einige Rispen weißer Johannisbeeren (wahlweise) zum Garnieren

Das Mehl in eine große Schüssel geben und eine Mulde hineindrücken. Die Hefe in ½ Liter lauwarmen Wasser auflösen und zum Mehl gießen. Mit dem Schneebesen zu einem glatten Teig verrühren. Die Schüssel mit Frischhaltefolie abdecken und an einem warmen Ort (möglichst bei 20–22 °C) 1 Stunde gehen lassen, bis der Teig gut aufgegangen und locker ist.

In einer Schüssel Natron, Salz und 60 Milliliter kaltes Wasser verrühren und vorsichtig in den Crumpet-Teig rühren. Nur kurz mischen, sodass sich die Zutaten gerade verbinden. Jeweils drei bis vier Küchlein gleichzeitig backen.

Eine große Pfanne erhitzen. Nun fünf Metallringe (8 cm Ø und 1,5 cm Höhe) mit der Butter einpinseln. Die Ringe in die fast heiße Pfanne setzen und die Ringe sofort zu drei Vierteln mit Teig füllen. Bei geringer Hitze 7–8 Minuten backen, dann die Hefeküchlein mit einer Streichpalette wenden und weitere 2 Minuten backen. Auf ein Kuchengitter heben und die Ringe entfernen. Mit dem restlichen Teig ebenso verfahren.

Die Johannisbeeren gründlich waschen, abtropfen lassen und zwei Drittel der Beeren von den Rispen streifen. Den Zuckersirup in einem Topf aufkochen. Die Hitze reduzieren und die vorbereiteten Johannisbeeren hinzufügen und 30 Sekunden einweichen lassen. Dann abtropfen lassen und in eine Schüssel geben. Den aufgefangenen Sirup zurück in den Topf geben und bei hoher Temperatur auf zwei Drittel einkochen und dann abkühlen lassen. Die Hälfte des abgekühlten, noch warmen Sirups über die abgetropften Johannisbeeren gießen.

Jeweils ein heißes Hefeküchlein auf einen Teller geben und die pochierten Früchte sowie ein wenig von dem eingekochten Sirup darauf verteilen. Einen großen Klecks Crème double darauf anrichten. Beerenrispen und eventuell weiße Beeren um die Küchlein herum garnieren.

Die Hefeküchlein heiß servieren und den restlichen Sirup in einem Kännchen dazu reichen.

Dies sind die absoluten Stars unter den Desserts, denn sie sind bei Jung und Alt gleichermaßen beliebt. Zubereitet mit Milch, Eiern, Zucker und etwas Sahne sind Eiscremes einfach großartig. Sorbets und Granitas sind weniger gehaltvoll, aber ebenso schnell und einfach hergestellt. Genau wie Eiscremes können sie mit Früchten, süßen Gewürzen, duftenden Kräutern, Likören und anderen Zutaten aromatisiert werden und sind ein Genuss für Familie und Freunde. Eismaschinen für den Haushalt sind heute wesentlich einfacher und praktischer zu handhaben als früher. Deshalb kann mit diesen Rezepten auch nicht viel schiefgehen.

Eiscremes, Sorbets & Granitas

Vanille-Eiscreme

Ergibt 8 Portionen

Die Crème double macht diese klassische Eiscreme besonders gehaltvoll und cremig, aber Sie können sie genauso gut auch weglassen.

1 Portion Crème Anglaise (Seite 56)
100 g Crème double (wahlweise)

Die fertige Crème Anglaise in eine Schüssel füllen. Die Schüssel in eine etwas größere Schüssel mit Eis setzen, damit die Creme rasch abkühlt. Zwischendurch immer wieder umrühren, damit sich keine Haut bildet. Die Vanilleschote aus der gekühlten Creme entfernen.

Eventuell Crème double unter die kalte Crème Anglaise rühren.

Die Masse in eine Eismaschine füllen und nach Anleitung des Herstellers daraus Eis zubereiten. Mindestens 20 Minuten in der Eismaschine verarbeiten, bis das Eis eine schön cremige und feste Konsistenz hat.

Die Eiscreme in eine Gefrierbox füllen, mit dem Deckel verschließen und bis zum Servieren in den Gefrierschrank stellen.

Die Eiscreme ist direkt nach der Zubereitung in der Eismaschine am cremigsten.

Ingwer-Eiscreme Die Crème Anglaise wie bei der Vanille-Eiscreme zubereiten, jedoch die Vanille weglassen. Die noch heiße Creme in die Küchenmaschine füllen, 75 Gramm gehackten kandierten Ingwer zufügen (Sirup vorher abtropfen lassen) und 1 Minute verarbeiten. Durch ein feines Sieb in eine Schüssel geben. In einer mit Eis gekühlten Schüssel abkühlen lassen, zwischendurch gelegentlich umrühren. 30 Gramm Kokosraspeln unterrühren. Anschließend in die Eismaschine füllen und entsprechend weiter zubereiten. Ergibt 8 Portionen.

Zimt-Eiscreme Zubereitung wie bei der Vanille-Eiscreme. Die Milch für die Crème Anglaise jedoch statt mit der Vanilleschote mit 20 Gramm einer Zimtstange aromatisieren. Ergibt 8 Portionen.

Lavendel-Eiscreme Zubereitung wie bei der Vanille-Eiscreme. Die Milch für die Crème Anglaise statt mit der Vanilleschote mit 10 Stängeln Lavendel (noch nicht voll ausgeblüht) aromatisieren. Ergibt 8 Portionen.

Schokoladen-Eiscreme In einem Topf 150 Milliliter Vollmilch, 150 Gramm Crème double und 50 Gramm Zucker bei mittlerer Hitze aufkochen lassen. In der Zwischenzeit die 3 Eigelbe mit 30 Gramm Zucker schaumig schlagen und die heiße Milch-Mischung unter ständigem Rühren zugeben. Die Mischung zurück in den Topf gießen und bei geringer Hitze etwas eindicken lassen. Den Topf nun direkt vom Herd nehmen, 100 Gramm gehackte dunkle Schokolade (mit 55–70 % Kakaoanteil) zufügen und mit einem Schneebesen so lange rühren, bis die Schokolade geschmolzen ist. In einer mit Eis gekühlten Schüssel abkühlen lassen. In die Eismaschine füllen und entsprechend weiter zubereiten. Ergibt 6 Portionen.

Geeistes Ananas-Soufflé mit Brombeeren

Ergibt 8–10 Portionen

Abbildung auf der Vorderseite

1 reife Ananas, ca. 1 kg
12 Gewürznelken
¾ l Zuckersirup (Seite 275)
250 g Brombeeren
½ –1 TL Erdnussöl für die Form
1 Blatt Gelatine
150 g Italienisches Baiser (Seite 152)
150 g Sahne
30 ml Kirschwasser
40 g gehobelte Mandeln, leicht geröstet

Von der Unterseite der Ananas eine 2 cm breite Scheibe und von der Oberseite einen 3 cm breiten Deckel abschneiden. Die Blätter entfernen. Nun die Ananas rundherum schälen und die kleinen dunklen „Augen" entfernen. Die geschälte Ananas längs in sechs Stücke schneiden und jedes Stück mit zwei Gewürznelken spicken.

In einem großen Topf den Zuckersirup aufkochen und die Ananas zufügen. Die Hitze herunterdrehen und die Ananasstücke bei 80–90 °C etwa 30 Minuten pochieren. Abkühlen und abtropfen lassen. Den Sirup bis zur weiteren Verwendung beiseitestellen. Die Gewürznelken entfernen und den Ananasstrunk herausschneiden. Von den schönsten Stücken zwei bis drei etwa 5 cm dicke Scheiben abschneiden, diese in kleine Stücke schneiden und zum Garnieren aufbewahren.

Die restliche Ananas in einen Standmixer oder in die Küchenmaschine füllen und 2 Minuten zu einem Püree verarbeiten. Durch ein Sieb in eine Schüssel passieren, dabei mit der Rückseite einer kleinen Schaumkelle möglichst viel Püree herausdrücken. Abdecken und kühl stellen.

Die Brombeeren gründlich waschen und zusammen mit der Hälfte des beiseitegestellten pochierten Sirups bei mittlerer Temperatur aufkochen lassen. Die Hitze auf 80–90 °C reduzieren und die Früchte weitere 5 Minuten köcheln lassen. Den Topf vom Herd nehmen und die Brombeeren im Sirup abkühlen lassen. Die Hälfte der abgekühlten Beeren mit der Hälfte des Sirups in den Standmixer oder in die Küchenmaschine füllen und 1 Minute pürieren. Anschließend durch ein Sieb in eine Schüssel streichen. Abdecken und die Fruchtsauce sowie die restlichen Beeren im Sirup im Kühlschrank kalt stellen.

Dieses eindrucksvolle Dessert ist seidenweich, erfrischend und einfach lecker. Die einzelnen Bestandteile können Sie ein oder zwei Tage vorher vorbereiten, sodass Sie das Dessert kurz vor dem Servieren nur noch zusammenfügen müssen. Und das geht wirklich schnell.

Eine Souffléform (13 cm Ø und 8 cm Höhe) bereitstellen. Ein großes Stück Backpapier der Länge nach dreimal falten. (Es sollte lang genug sein, damit es um die Außenseite der Form gelegt werden kann, und breit genug, um noch 6–8 cm am oberen Rand überzustehen.) Den Papierstreifen um die Form legen und mit Küchengarn fixieren (Abbildung Seite 130). Das Innere des Papierstreifens oberhalb des Rands mit Öl einpinseln. Die Form in den Gefrierschrank stellen.

Die Gelatine in kaltem Wasser 5 Minuten einweichen lassen. In einer großen Schüssel Ananaspüree und Baiser mischen. In einer zweiten Schüssel die Sahne steif schlagen und mit einem Teigspatel unter die Ananas-Baiser-Mischung heben.

Das Kirschwasser in einem kleinen Topf leicht erwärmen, anschließend vom Herd nehmen. Die Gelatine gut ausdrücken und unter Rühren im Kirschwasser vollständig auflösen. Zur Soufflé-Masse geben und nur locker untermischen. Die Souffléform aus dem Gefrierfach nehmen und die Masse bis 4–5 cm oberhalb des Rands einfüllen. Für 3 Stunden ins Gefrierfach oder 8 Stunden in den Kühlschrank stellen.

Vor dem Servieren das Küchengarn entfernen und die Papiermanschette vorsichtig lösen. Aus der Mitte des Soufflés 4–5 dessertlöffelgroße Portionen herausschöpfen, dabei nach jeder Portion den Löffel in heißes Wasser tauchen. Die im Sirup pochierten Brombeeren mit 2 Esslöffeln Brombeersauce überziehen und in die Mulde füllen. Die restlichen Ananasstücke im Wechsel mit den gerösteten Mandeln auf dem oberen Soufflérand dekorieren. Sofort servieren. Die restliche Brombeersauce in einem kleinen Kännchen dazu reichen.

Blutorangen-Sorbet

170 g Zucker
300 ml flüssige Glukose
1 getrocknete rote Chilischote, in Stücke gebrochen
1 Thymianzweig
8 Blutorangen

Ergibt 8–10 Portionen

Zucker, flüssige Glukose und 200 Milliliter Wasser bei mittlerer Temperatur zum Kochen bringen, eventuell den Schaum abschöpfen. Chili und Thymian zufügen und 30 Sekunden aufkochen. Topf vom Herd nehmen, Deckel auflegen und die Mischung durchziehen lassen. Die abgekühlte Mischung durch ein Sieb in eine Schüssel geben und kühlen.

Die Orangen halbieren und möglichst viel Saft auspressen. Durch ein Sieb passieren und faseriges Fruchtfleisch und Kerne auffangen.

Den Orangensaft in den kalten Sirup gießen und mit dem Holzlöffel kurz einrühren.

Ein Sorbet sollte fruchtig und nicht zu süß sein. Je nachdem, wie süß oder sauer die Früchte sind, müssen Sie entscheiden, wie viel Zuckersirup Sie zugeben.

Die Sorbet-Mischung sofort in die Eismaschine geben.

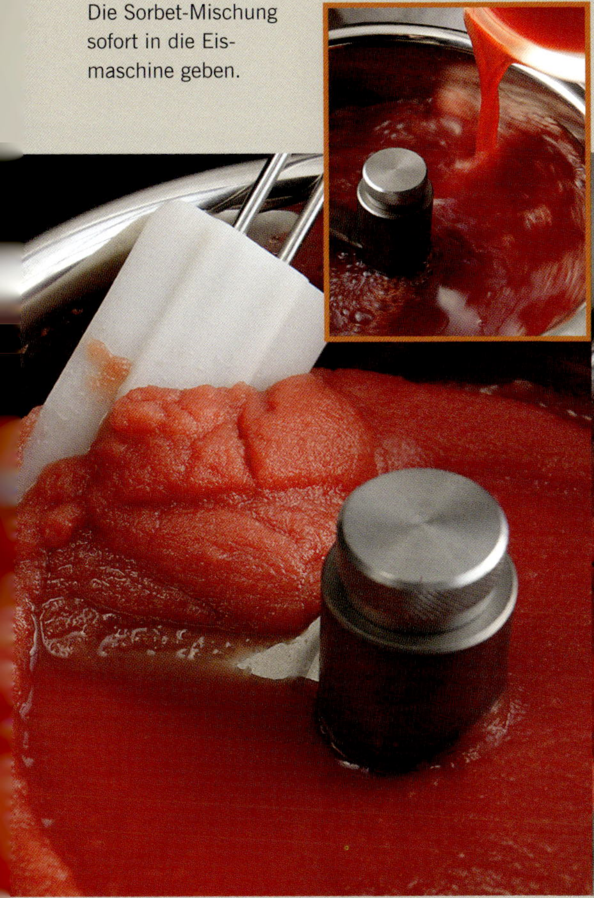

Nach 15–20 Minuten mit einem Spatel das halbfeste Sorbet von den Rändern entfernen und zur Mitte hin verstreichen. Weitere 10 Minuten rühren, bis das Sorbet eine feste Konsistenz hat.

Das Sorbet mit dem Eisportionierer auf Gläser verteilen. Falls es nicht gleich serviert wird, das Sorbet in eine fest verschließbare Gefrierbox füllen und ins Gefrierfach stellen. Am intensivsten schmeckt das Sorbet in den ersten Tagen und es hat dann die schönste Konsistenz.

Fruchtsorbet-Variationen

Minz-Melone-Sorbet 400 Gramm Melonen-Fruchtfleisch mit 8 frischen Minzeblättern pürieren und durch ein Sieb streichen. 150 Gramm Zuckersirup (Seite 275), den Saft von 2 Zitronen und 2 kräftige Prisen frisch gemahlenen Pfeffer (wahlweise) zufügen. In der Eismaschine 15–20 Minuten rühren. Ergibt 4 Portionen.

Ananas-Zimt-Sorbet 500 Gramm reifes Ananas-Fruchtfleisch pürieren und durch ein Sieb in eine Schüssel streichen. 200 Milliliter Zuckersirup (Seite 275), den Saft von 1 Zitrone und 1 Prise gemahlenen Zimt zugeben und in der Eismaschine 15–20 Minuten rühren. Dekorativ sind getrocknete Ananasscheiben auf dem Sorbet. Ergibt 4–6 Portionen.

Ein Sorbet schmeckt frisch zubereitet am besten. Dann ist es von zartem Schmelz. Verschlossen lässt es sich 1 Woche im Gefrierfach aufbewahren.

Quark-Sorbet mit Thymian-Aroma

Ergibt 6 Portionen

Himbeeren und Walderdbeeren der Saison schmecken vorzüglich zu diesem köstlich aromatisiertem Sorbet.

350 ml Zuckersirup (Seite 275)
2 Thymianzweige
400 g Quark (20 % oder 40 % Fettstufe)
Saft von 2 Zitronen, gesiebt
½ TL weißer Pfeffer, frisch gemahlen, zum Würzen

Den Zuckersirup mit den Thymianzweigen in einem Topf aufkochen. Den Topf vom Herd nehmen und den Sirup 2–3 Minuten ziehen lassen. Den Thymian entfernen und den Sirup abkühlen lassen.

Den Quark in einer Schüssel mit dem kalten Sirup, dem Zitronensaft und dem Pfeffer zu einer glatten Creme verrühren.

Die Sorbet-Mischung sofort in die Eismaschine füllen. Nach 15–20 Minuten sollte das Sorbet eine feste Konsistenz haben. Falls es nicht direkt serviert wird, das Sorbet in eine fest verschließbare Gefrierbox füllen und in den Gefrierschrank stellen.

Das Sorbet am besten innerhalb weniger Tage verspeisen. Zum Servieren mit dem Eisportionierer in Glasschälchen anrichten.

Schokoladen-Sorbet

Ergibt 6–8 Portionen

100 ml Milch
150 g Zucker
40 g flüssige Glukose
30 g dunkles Kakaopulver von guter Qualität
100 g dunkle Kuvertüre oder dunkle Schokolade von guter Qualität mit 70 % Kakaoanteil (möglichst Valrhona), gehackt

Zum Garnieren (wahlweise):
6–8 Baisernester (Seite 149)

In einem Topf 400 Milliliter Wasser mit Milch, Zucker, flüssiger Glukose und Kakaopulver mischen. Bei mittlerer Temperatur aufkochen lassen, dabei ständig rühren. Die Hitze herunterdrehen und weitere 2 Minuten köcheln lassen. Den Topf vom Herd nehmen, die gehackte Schokolade zufügen und mit einem Schneebesen 2 Minuten rühren, bis die Schokolade geschmolzen ist. Durch ein Sieb in eine Schüssel geben und zum Abkühlen beiseitestellen, zwischendurch einige Male umrühren. Abdecken und in den Kühlschrank stellen.

Die Sorbet-Mischung sofort in die Eismaschine füllen. Nach 15–20 Minuten Rühren sollte das Sorbet schön fest sein. Falls es nicht direkt serviert wird, das Sorbet in eine fest verschließbare Gefrierbox füllen und in den Gefrierschrank stellen.

Kurz vor dem Servieren die Baisernester, falls diese verwendet werden, auf Teller verteilen. Mit einem Eisportionierer jeweils eine große Kugel Sorbet in jedes Baisernest setzen. Zwischendurch den Eisportionierer immer wieder in heißes Wasser tauchen, so lassen sich die Kugeln einfacher herausschöpfen. Ersatzweise die Sorbetkugeln in einzelnen Glasschälchen anrichten.

Der Kontrast zwischen Dunkel und Weiß sowie zwischen knusprigem Baiser und weichem Sorbet macht dieses Dessert zu etwas ganz Besonderem. Die Baisernester können Sie am Vortag backen. Sie können aber auch, wenn Sie mögen, das Sorbet pur servieren.

Kaffee-Orangen-Granitas in Schokotropfen

Ergibt 8 Portionen

Ich liebe die herben Schokoladensplitter zu einer Granita. Diese elegante Dekoration verblüfft Ihre Gäste bestimmt.

400 g dunkle Schokolade von guter Qualität mit 70 % Kakaoanteil (möglichst Valrhona), gehackt
300 ml frisch aufgebrühter Kaffee (ungesüßt)
5 unbehandelte Orangen
75 g Zucker

Die Schokolade in einer feuerfesten Schüssel über einem Topf mit leicht siedendem Wasser schmelzen lassen. Dabei darauf achten, dass die Schüssel nicht den Topfboden berührt! Zwischendurch immer wieder umrühren. Die geschmolzene Schokolade sollte nicht mehr als 32 °C haben. Die Schüssel vom Topf nehmen.

Für die Tropfen 16 flexible dünne Kunststoffstreifen (26 cm Länge und 4,5 cm Breite) am Vortag zuschneiden und bis zum Anrichten an einem kühlen Ort aufbewahren.

Einen Streifen auf die Oberfläche der geschmolzenen Schokolade legen und leicht hin- und herbewegen, sodass eine Seite des Streifens komplett mit Schokolade überzogen ist. Anschließend den Streifen mit der nicht mit Schokolade bedeckten Seite nach unten auf Backpapier setzen. Mit den anderen Streifen ebenso verfahren und ruhen lassen.

Wenn die Schokolade anfängt fest zu werden, einen Streifen zu einem großen Tropfen formen. Dabei sollte die Schokolade auf der Innenseite des flexiblen Streifens liegen. Die Streifenenden mit einer Büroklammer fixieren und die Tropfen zurück auf das Backpapier setzen (Abbildung Seite 140). Mit den restlichen Kunststoffstreifen ebenso verfahren und insgesamt 16 Tropfen formen. Für mindestens 30 Minuten in den Kühlschrank setzen, bis die Schokolade vollständig abgekühlt und fest geworden ist.

Abbildung auf der Vorderseite

Sie müssen aus einem flexiblen Kunststoffbogen breite Streifen zuschneiden, um die Schokoladen-Tropfen zu formen. Diese können Sie bereits am Vortag herstellen und bis zum Anrichten an einem kühlen Ort aufbewahren.

Für die Kaffee-Granita den gebrühten Kaffee in flache Gefrierbehälter füllen und ins Gefrierfach setzen. Alle 30 Minuten mit einer Gabel umrühren, bis sich nach etwa 2–3 Stunden kleine Flocken bilden.

Für die Orangen-Granita die Schale von einer Orange fein abreiben. Die fünf Orangen auspressen und den Orangensaft in eine Schüssel geben, Zucker zufügen und 10 Minuten ruhen lassen, bis sich der Zucker aufgelöst hat, dabei gelegentlich umrühren. Durch ein Sieb in eine andere Schüssel geben und den Schalenabrieb zufügen. In einen flachen Gefrierbehälter geben und ebenfalls ins Gefrierfach stellen.

Kurz vor dem Servieren die Büroklammern entfernen und die Kunststoffstreifen vorsichtig von den Schokoladentropfen lösen. Sofort je zwei Tropfen auf gekühlte Teller setzen. Mit einem Löffel oder einer Gabel kleine Stücke der gefrorenen Kaffee-Granita in einen Schokoladentropfen füllen. Die Orangen-Granita in den zweiten Tropfen füllen. Sofort servieren.

Dies ist in der Tat ein Schlüsselkapitel für die Zubereitung vieler Desserts. Französisches Baiser schmeckt pur einfach köstlich, ist aber gleichzeitig die Grundlage für eine Fruchttorte à la Pawlowa oder andere Desserts. Italienisches Baiser ist unentbehrlich für viele Klassiker, etwa für Mousse, Charlotte oder Bayrische Creme. Es gibt den Desserts eine feine Leichtigkeit sowie Gestalt und Form. In gleicher Weise findet ein Genueser Biskuit vielseitig Verwendung. Während des Sommerurlaubs mit der Familie backe ich mit meinen drei Enkeltöchtern häufig Biskuitböden. Wenn die Kuchen aus dem Backofen kommen, machen wir uns mit selbst gemachter Marmelade gleich über sie her.

Biskuits & Baisers

Französisches Baiser

Ergibt 275 g oder 4–6 große Baisers

3 Eiweiß
90 g Zucker
90 g Puderzucker, gesiebt

Baiser schmeckt wunderbar mit Vanille- oder Schokoladen-Eiscreme.

Den Backofen auf 100 °C (Gas Stufe ¼) vorheizen. Das Backblech mit Backpapier oder einer Silikon-Backmatte auslegen. In einer sauberen Schüssel die Eiweiße mit dem Mixer zu weichen Spitzen schlagen. Unter Rühren den Zucker einrieseln lassen und die Masse schlagen, bis sich feste Spitzen bilden.

Den Puderzucker zufügen und die Baiser-Masse 6–8 Minuten weiterschlagen, bis sie steife Spitzen bildet und weich und glänzend ist.

Mit einem Esslöffel 4–6 große Nocken formen und auf das vorbereitete Backblech setzen. Alternativ mit einem Spritzbeutel mit 1,5 cm breiter gezackter Tülle 4–6 Portionen formen. Sofort in den Backofen schieben und 2 Stunden backen.

Aus dem Backofen nehmen, auf ein Kuchengitter setzen und an einem trockenen Ort vollständig abkühlen lassen.

Mandel-Baisers Bestreuen Sie die Baisers kurz vor dem Backen mit gehobelten Mandeln.

Schokoladen-Baisers Ersetzen Sie 30 Gramm Zucker durch 30 Gramm dunkles Kakaopulver. Den Kakao 1 Minute vor Ende des Schlagens in die Eiweiße sieben.

Himbeer-(oder Zitronen-)Baisers Einige Tropfen Himbeer-(oder Zitronen-)Essenz zum Aromatisieren in die steif geschlagene Baiser-Masse geben.

Petits-Fours-Baisers Das Baiser (pur oder aromatisiert wie oben beschrieben) in kleinen Häufchen in der Größe von Wachteleiern mit dem Spritzbeutel auf das Backblech setzen und nur 30 Minuten backen.

Baisernester Mit einem Spritzbeutel mit 2 cm breiter gezackter Tülle 8–10 cm große Baiserkreise auf ein vorbereitetes Backblech setzen. Nun 1–2 zusätzliche Kreise am Rand entlang spritzen, sodass ein Körbchen entsteht. Nach dem Rezept für Französische Baisers backen, die Backzeit beträgt dann 1½ Stunden. Siehe auch die Abbildung auf Seite 139.

Pflaumen-Baisers

Ergibt 4 große Baisers

Diese Baisers schmecken am besten, wenn sie innerhalb von 24 Stunden verzehrt werden, denn der Pflaumensaft weicht ein wenig durch.

300 g reife Pflaumen der Saison (am besten Victoria), ersatzweise Reineclaudes oder Zwetschgen
300 ml Zuckersirup (Seite 275)
2 Lorbeerblätter
1 Portion Französisches Baiser (Seite 146)

Mit einem kleinen Messer die Steine aus den Pflaumen entfernen, dabei die Früchte nicht ganz halbieren. Die Pflaumen in eine Schüssel geben. Den Zuckersirup mit den Lorbeerblättern bei mittlerer Temperatur in einem Topf erhitzen. Sobald der Sirup zu kochen beginnt, diesen über die Pflaumen gießen. Zum Abkühlen beiseitestellen.

Den Backofen auf 100 °C (Gas Stufe ¼) vorheizen. Ein Backblech mit Backpapier oder einer Silikon-Backmatte auslegen. Die vollständig abgekühlten Pflaumen abtropfen lassen und mit Küchenpapier etwas abtupfen, um möglichst viel Sirup aufzusaugen. Die Pflaumen mit einem Esslöffel locker unter die Baiser-Masse mischen.

Nun mit zwei Esslöffeln vier große Nocke formen und diese auf das vorbereitete Backblech setzen. Im Backofen 2 Stunden backen.

Die Baisers zuerst auf dem Backblech, dann auf dem Kuchengitter abkühlen lassen. Vor dem Servieren an einem trockenen Ort kühl stellen.

Sie können diese Baisers auch mit frischen Kirschen zubereiten – das kommt bei Kindern immer gut an.

Italienisches Baiser

360 g Zucker
30 g flüssige Glukose (wahlweise)
6 Eiweiß

Ergibt ca. 650 g

Den Zucker und die flüssige Glukose mit 80 Milliliter Wasser bei mittlerer Hitze aufkochen lassen und zwischendurch den Schaum abschöpfen. Mit einem feuchten Pinsel alle Zuckerkristalle entfernen, die sich am Topfrand absetzen. Die Hitze erhöhen und die Temperatur mit einem Zuckerthermometer kontrollieren.

Die Eiweiße in einer separaten Schüssel mit dem Handmixer steif schlagen. Dabei auf die Temperatur des Zuckersirups achten. Den Topf sofort vom Herd nehmen, sobald 121 °C erreicht sind.

Wenn der Eischnee feste Spitzen bildet, den Zuckersirup langsam in dünnem, gleichmäßigem Strahl zugießen, dabei ständig weiterschlagen.

Auf kleiner Stufe 15 Minuten weiterschlagen,
bis die Masse auf 30 °C abgekühlt ist.
Nun ist sie fertig zur weiteren Verarbeitung.

Die Baiser-Masse, die für viele Desserts verwendet werden kann, hält sich luftdicht verschlossen hervorragend 2–3 Tage im Kühlschrank.

Baiser-Frucht-Torte à la Anna Pawlowa

Ergibt 10 Portionen

Ich habe meine Pawlowa mit exotischen Früchten garniert. So kann ich sie auch im Winter servieren. Im Sommer eignen sich verschiedene Beerensorten ganz wunderbar.

1½ Portionen Französisches Baiser (Seite 146)
1 reife Zwergananas oder ½ normalgroße Ananas
1 reife Mango, ca. 300 g
1 reife Papaya, ca. 200 g
4 reife Kiwis
400 g Sahne
200 g Blaubeeren
6 Passionsfrüchte, halbiert
20 frische Haselnüsse (wahlweise, je nach Jahreszeit)

Den Backofen auf 150 °C (Gas Stufe 2) vorheizen. Das Backblech mit einer Silikon-Backmatte oder mit Backpapier auslegen. Einen Metallring (24 cm Ø, 7 cm Höhe) mit etwas Öl einpinseln und auf das Papier legen. Die Baiser-Masse einfüllen. (Ersatzweise einen 24 cm großen Kreis auf das Papier zeichnen, Papier wenden und das Baiser in dem Kreis verteilen.) Die Oberfläche nur locker verstreichen, die Baiser-Struktur sollte noch deutlich erkennbar sein. Den Ring mit einer leichten Drehbewegung hochheben.

Im Backofen 30 Minuten backen, dann die Temperatur auf 120 °C (Gas Stufe ½) reduzieren und mindestens weitere 60 Minuten backen. Den Backofen ausstellen und die Pawlowa im Backofen mindestens 6–8 Stunden abkühlen lassen. Dann sollte das Baiser innen weich und außen knusprig sein und an den Rändern etwas aufreißen.

Die Ananas schälen, vierteln und den Strunk herausschneiden. Die Mango schälen und das Fruchtfleisch vom Kern lösen. Die Papaya schälen und von den Kernen befreien. Die Kiwis schälen. Alle Früchte in dekorative Streifen, Würfel oder feine Spalten schneiden. Die Sahne steif schlagen.

Die Pawlowa vorsichtig auf einen Teller heben. Großzügig mit Sahne bestreichen und die vorbereiteten Früchte auf der Sahne verteilen. Mit den Blaubeeren bestreuen. Das Fruchtfleisch aus der Passionsfrucht löffeln und über die Pawlowa geben. Eventuell mit Haselnüssen bestreuen. Sofort servieren.

Abbildung auf der Vorderseite

Eisbombe Alaska

Ergibt 6 Portionen

Statt das Baiser mit dem Gasbrenner zu bräunen, können Sie es auch 1 Minute bei 250 °C (Gas Stufe 9) in den sehr heißen Backofen schieben. Das gebräunte Baiser ist ein hübscher Kontrast zur gefrorenen Eiscreme.

1 Portion Biskuitteig (Seite 279)
½ l Crème Anglaise (Seite 56)
1 Vanilleschote, längs aufgeschlitzt
1 EL Instant-Kaffeepulver, in 1 EL warmem Wasser aufgelöst
3–4 EL Grand Marnier (wahlweise)
1 Portion Italienisches Baiser (Seite 152)

Den Backofen auf 180 °C (Gas Stufe 4) vorheizen. Eine 20–22 cm lange Kastenform zu zwei Dritteln mit Biskuitteig füllen. Den Biskuit 25 Minuten im Backofen backen. Den fertigen Biskuit 5 Minuten in der Form ruhen lassen und dann auf ein Kuchengitter stürzen. An der Oberseite einen 2 cm breiten Deckel abschneiden. Mit Messer und Löffel das Innere des Biskuitkuchens großzügig aushöhlen.

Für die Eiscreme die Crème Anglaise gleichmäßig auf zwei Schüsseln verteilen. Das Mark aus der Vanilleschote herauskratzen, in eine der Schüsseln geben und unterrühren. Den Kaffee in die zweite Schüssel geben und ebenfalls gut unterrühren. Die Vanille-Eiscreme in der Eismaschine 15–20 Minuten rühren, dann in einem Gefrierbehälter ins Gefrierfach stellen. Mit der Kaffee-Eiscreme ebenso verfahren.

Wahlweise das ausgehöhlte Innere des Biskuits und den Deckel mit Grand Marnier bestreichen. Den Biskuitkuchen auf ein großes Stück Frischhaltefolie setzen und abwechselnd Vanille-Eiscreme und Kaffee-Eiscreme bis 2–3 cm über die Öffnung einfüllen. Den Biskuit-Deckel aufsetzen und die Frischhaltefolie an den Seiten hochschlagen und den Kuchen fest einwickeln. Für 1–2 Stunden ins Gefrierfach stellen.

Kurz vor dem Servieren die Frischhaltefolie entfernen und das Dessert auf eine feuerfeste Servierplatte setzen. Das Baiser in einen Spritzbeutel mit 1,5–2 cm breiter gezackter Tülle füllen und auf der Oberseite und an den Rändern verteilen. Mit einem Gasbrenner das Baiser gleichmäßig bräunen. Die Eiscremetorte mit einem scharfen Messer in Scheiben schneiden. Das Messer zwischendurch immer wieder in heißes Wasser tauchen.

Baiser-Beeren-Türmchen

Ergibt 6 Portionen

Baiser, Früchte und Fruchtsauce können bereits am Vortag vorbereitet werden und werden erst kurz vor dem Servieren zusammengefügt. Für den besonderen Genuss setzen Sie eine Kugel Vanille-Eiscreme dazu (Seite 126).

1 Portion Französisches Baiser (Seite 146)
50 g gehobelte Mandeln, leicht geröstet
400 ml Zuckersirup (Seite 275)
500 g reife gemischte Beeren der Saison (Erdbeeren, rote und weiße Johannisbeeren, Blaubeeren, Himbeeren, Walderdbeeren etc.)
Saft von 1 Zitrone

Den Backofen auf 100 °C (Gas Stufe ½) vorheizen. Auf zwei mit Backpapier ausgelegten Backblechen jeweils neun Kreise von 7–8 cm Ø aufzeichnen und das Papier wenden. Mit einer Palette jeweils eine 4 mm dicke Baiserschicht auf jeden Kreis setzen und glatt verstreichen. Die Ränder mit gehobelten Mandeln bestreuen. Im Backofen 1 Stunde backen, anschließend auskühlen lassen. Die kalten Baisers vom Backpaper heben und an einem trocknen Ort bis zur weiteren Verwendung kühl stellen.

Den Zuckersirup im Topf zum Kochen bringen, die Hitze reduzieren und den Sirup weiter köcheln lassen. Die Früchte gründlich waschen und putzen. Zuerst die festen Früchte hinzufügen, dann alle 30 Sekunden eine weitere Frucht zugeben, dabei mit den Walderdbeeren enden. Den Topf nun sofort vom Herd nehmen und den Inhalt abkühlen lassen. Die Früchte über einem zweiten Topf abtropfen lassen und den Sirup auffangen.

Etwa ein Fünftel der weichen gedünsteten Früchte zum Zuckersirup geben und bei mittlerer Temperatur 10 Minuten einkochen lassen. Zitronensaft zufügen, 30 Sekunden pürieren und durch ein Sieb streichen. Die Fruchtsauce beiseitestellen.

Für jeden Teller drei Baiserkreise verwenden. Den ersten mit pochierten Früchten belegen und mit Fruchtsauce beträufeln. Das zweite Baiser auflegen und wieder mit Früchten und Sauce bedecken. Zuletzt das dritte Baiser auflegen. Etwas Fruchtsauce ringsherum auf dem Teller anrichten. Sofort servieren.

Schwimmende Inseln mit Rhabarber

Ergibt 4 Portionen

Ich mag Rhabarber gern knackig, aber wenn Sie ihn etwas weicher bevorzugen, dann lassen Sie ihn 5 Minuten länger im Sirup köcheln.

2 junge, zarte Rhabarberstängel
1 l Milch
190 g Zucker
6 Eiweiß
¼ l Crème Anglaise (Seite 56)

Für den Sirup:
150 g Zucker

Für den Karamell:
210 g Zucker

Falls nötig, den Rhabarber schälen, gut abspülen und in 5 cm lange und 2 cm breite Abschnitte schneiden. Die Stücke in einer Auflaufform verteilen. Für den Sirup den Zucker in ¼ Liter Wasser bei mittlerer Temperatur auflösen und zum Kochen bringen. Sofort über den Rhabarber gießen und beiseitestellen.

Milch und 60 Gramm Zucker in einer Pfanne auf 85 °C erhitzen. Nun die Hitze reduzieren, um die Temperatur beizubehalten. Die Eiweiße mit dem Handmixer zu festem Schnee schlagen und den restlichen Zucker einrieseln lassen. Die Baiser-Masse sollte schön fest sein.

Mit einem großen Servierlöffel aus dem Baiser eine Nocke formen und in die heiße Milch gleiten lassen. Den Löffel zwischendurch mit kaltem Wasser abspülen. Insgesamt vier Nocken formen. Die Nocken 2 Minuten in der Milch ziehen lassen, dann mit einem Schaumlöffel vorsichtig wenden und weitere 2 Minuten ziehen lassen. Nun die Nocken vorsichtig aus der Milch heben und auf ein sauberes Küchentuch setzen.

Für den Karamell den Zucker in einem kleinen Topf bei geringer Hitze schmelzen lassen. Sobald der Karamell einen goldenen Farbton annimmt, den Topf vom Herd nehmen.

Die Crème Anglaise auf vier flache Schälchen verteilen und jeweils eine Nocke daraufsetzen. Den Rhabarber abtropfen lassen und um die „Inseln" herum anrichten. Den Karamell dekorativ über die „Inseln" träufeln. Vor dem Servieren 5 Minuten ruhen lassen.

Genueser Biskuit

Ergibt einen Biskuitboden von 20 cm Ø

20 g weiche Butter für die Form
125 g Mehl, gesiebt, zzgl. Mehl zum Bestäuben
4 Eier, Zimmertemperatur
125 g Zucker
30 g Butter, geschmolzen und abgekühlt auf lauwarme Temperatur

Den Backofen auf 190 °C (Gas Stufe 5) vorheizen. Eine Backform mit herausnehmbarem Boden und 22 cm Ø mit Butter einpinseln und mit Mehl leicht bestäuben. Eier und Zucker in einer Schüssel etwa 12 Minuten schlagen, bis ein durch den Teig gezogener Löffel eine deutliche Spur hinterlässt.

Das Mehl hineinsieben, vorsichtig unterheben und nur kurz mischen, sodass sich die Zutaten gerade verbinden.

Den Teig in die vorbereitete Form füllen und 30 Minuten backen. Die Garprobe machen: Bei leichtem Druck mit dem Finger bleibt keine Druckstelle zurück und die elastische Oberfläche springt wieder hoch. Zum Abkühlen auf ein Kuchengitter stürzen. Nach 10 Minuten um ein Viertel drehen, damit der Teig nicht festklebt. Den abgekühlten Biskuitboden waagerecht einmal durchschneiden und den unteren Boden mit Schlagsahne und weichen Früchten belegen und mit etwas Johannisbeersauce (Seite 20) beträufeln. Die obere Hälfte auflegen und mit Puderzucker bestäuben.

Für einen Schokoladen-Biskuit ersetzen Sie 50 Gramm Mehl durch Kakaopulver von guter Qualität.

Mango-Charlotte

Ergibt 8–10 Portionen

Abbildung auf der Vorderseite

1 Portion Löffelbiskuit-Teig (Seite 279)
ca. 100 g Puderzucker, gesiebt
200 ml Sahne
120 g Italienisches Baiser (Seite 152)
100 g Mango-Fruchtfleisch, fein gewürfelt

Für die Mango-Creme:
35 ml Milch
200 g Mangopüree, fein gesiebt
Saft von ½ Limette
3 Eigelb
20 g Zucker
1½ Blatt Gelatine

Zum Garnieren:
½ Mango, geschält und in dünne Spalten geschnitten
16 schöne Himbeeren
300 ml Himbeersauce (Seite 21)
Puderzucker zum Bestäuben

Den Backofen auf 220 °C (Gas Stufe 7) vorheizen. Ein 40 x 60 cm großes Backblech mit einer Silikon-Backmatte oder mit Backpapier auslegen. Den Biskuitteig in einen Spritzbeutel mit 1,5 cm breiter glatter Tülle füllen. Nun gerade, 8 cm lange Streifen im Abstand von 5 mm in einer Reihe entlang der Längsseite des Backblechs spritzen. Die gleichen Streifenreihe entsprechend auf die andere Längsseite spritzen. Während des Backens läuft das Gebäck ein wenig auseinander, sodass zwei zusammenhängende breite Streifen entstehen (Abbildung Seite 164). Sofort nach dem Backen großzügig mit Zucker bestäuben. 5 Minuten ruhen lassen.

Die Löffelbiskuits nochmals leicht mit Puderzucker bestäuben (für eine wellenartige Struktur) und in 8 Minuten goldgelb backen. Noch 1 Minute auf dem Backblech ruhen lassen, dann beide Streifen auf ein auf dem Kuchengitter ausgebreitetes Küchentuch stürzen und das Backpapier abziehen. Abkühlen lassen.

Für die Mango-Creme Milch, Mangopüree und Limettensaft in einem Topf langsam zum Kochen bringen. Eigelbe und Zucker in einer Schüssel schaumig schlagen. In der Zwischenzeit die Gelatine für 5 Minuten in kaltem Wasser einweichen lassen. Die kochende Milch-Mango-Mischung sofort unter Rühren über die Eigelbe gießen. Die Mischung zurück in den Topf füllen und bei geringer Hitze unter ständigem Rühren weiterschlagen, bis die Creme am Löffelrücken einen Film bildet und eine Temperatur von 83 °C erreicht. Durch ein Sieb in eine Schüssel geben. Die Gelatine gut ausdrücken und unter Rühren in der Creme vollständig auflösen. Auf 10–15 °C abkühlen lassen.

Dies ist ein himmlisches Dessert und es lässt sich in Frischhaltefolie gewickelt gut einfrieren. Deshalb empfehle ich Ihnen die Zutaten zu verdoppeln und gleich zwei Charlottes vorzubereiten – die zweite für eine andere Gelegenheit. Versuchen Sie nicht, die Menge zu reduzieren und eine kleinere Charlotte zuzubereiten. Das misslingt garantiert.

Die abgeschnittenen Enden der Löffelbiskuits können gewürfelt und in kleinen Schälchen mit der Schokoladensauce (Seite 274) zum Tee serviert werden.

Mit einem Brotmesser an einer Längsseite eines Biskuitstreifens den Rand glatt schneiden. Aus dem anderen Streifen zwei Kreise von 14 cm Ø ausschneiden. Einen Backring (16 cm Ø und 7 cm Höhe) mit den zugeschnittenen Biskuitstreifen auskleiden, mit der gewellten Seite nach außen und der geraden Seite nach unten. Die überstehenden Löffelbiskuits an den Schnittstellen bündig abschneiden, sodass ein nahtloses Band im Backring entsteht. Den mit Löffelbiskuit ausgekleideten Ring auf eine Pappe setzen. Einen der Löffelbiskuitkreise als Boden in den Ring legen.

In einer großen Schüssel die Sahne steif schlagen. Italienisches Baiser zufügen und nur so kurz verrühren, dass sich die Zutaten gerade verbinden. Mit einem Teigspatel die Mango-Creme unterheben und alles zu einer glatten Masse verrühren. Die Mangowürfel zufügen und die Hälfte der Masse auf den Biskuitboden im ausgekleideten Ring verteilen. Den zweiten Biskuitboden auflegen und mit den Fingerspitzen leicht andrücken. Die restliche Mango-Masse bis auf 1 cm unterhalb des Löffelbiskuitrands einfüllen. Für 4 Stunden in den Kühlschrank oder 2 Stunden ins Gefrierfach setzen.

Die Charlotte vorsichtig auf eine Tortenplatte heben. Den Ring vorsichtig lösen und die Mangostreifen auf der Charlotte garnieren. Besonders schön sieht es aus, wenn die Streifen leicht gewellt oder gefaltet werden. Mit den Himbeeren bestreuen und mit etwas Puderzucker bestäuben. Die Fruchtsauce in einem Krug dazu servieren.

Biskuitrolle

Ergibt 6–8 Portionen

3 Eigelb
175 g Puderzucker zzgl. etwas zum Bestäuben
4 Eiweiß
50 g dunkles Kakaopulver von guter Qualität
15 g Speisestärke
20 g weiche Butter für die Form
30 g Mehl für die Form
¼ l Sahne
250 ml Himbeersauce (Seite 21)
150 g Himbeeren

Mit einem Mixer die Eigelbe mit 80 Gramm Puderzucker in einer Schüssel schaumig rühren. In einer zweiten sauberen Schüssel die Eiweiße zu weichen Spitzen schlagen, 45 Gramm Puderzucker einrieseln lassen und die Masse zu festem Schnee schlagen. Mit einem Schneebesen ein Drittel des Eischnees unter die Eigelbe heben, dann den restlichen Eischnee mit einem Metalllöffel unterziehen. Bevor sich die Zutaten ganz verbunden haben, Kakaopulver und Speisestärke über die Masse sieben und nur so kurz untermischen, dass sich die Zutaten gerade verbinden, sonst verliert der Teig seine Elastizität.

Den Backofen auf 200 °C (Gas Stufe 6) vorheizen. Ein Backblech mit einem gefetteten und mit Mehl bestäubtem Backpapier oder einer Silikon-Backmatte auslegen. Mit einer Streichpalette den Teig gleichmäßig auf dem vorbereiteten Backblech zu einem 1,5 cm dicken Rechteck von 26 x 30 cm verstreichen. Im Backofen 8–10 Minuten backen. Für die Garprobe mit der Fingerspitze leicht auf die Mitte des Rechtecks drücken. Der Boden ist fertig, wenn sich keine Druckstelle zeigt und die elastische Oberfläche wieder hochspringt.

Das Rechteck auf ein mit einem Küchentuch ausgelegtes Kuchengitter stürzen. Nach 1 Minute das Backpapier oder die Backmatte abziehen und den Boden 5 Minuten an einem kühlen Ort ruhen lassen. In der Zwischenzeit Sahne mit 50 Gramm Puderzucker steif schlagen.

Den Biskuitboden vom Kuchengitter auf ein Blatt Pergamentpapier gleiten lassen. Die Kanten an allen vier Seiten mit einem Brotmesser glatt abschneiden. Mit einem Pinsel ein Viertel der Fruchtsauce auf dem Boden verteilen. Die Sahne mit einer Streichpalette auf dem Boden verteilen, dabei einen 1,5 cm breiten Rand aussparen. Die Himbeeren auf der Sahne verteilen.

Dieses zart schmelzende, leichte Dessert wird von jedem geliebt. Es kann am Vortag vorbereitet und über Nacht in den Kühlschrank gestellt werden. Decken Sie es dann mit einem sauberen, dünnen Küchentuch ab.

Nun das Rechteck an der Längsseite aufrollen und das Pergamentpapier dabei vorsichtig abziehen (siehe Abbildung). Die Biskuitrolle für 2–3 Stunden kühl stellen.

Vor dem Servieren in Scheiben schneiden, auf Tellern anrichten und mit etwas Puderzucker bestäuben. Die restliche Fruchtsauce um die Scheiben herum verteilen oder in einem Krug dazu servieren.

Die aufwändige Zubereitung der Rezepte in diesem Abschnitt mag viele abschrecken und sie davon abhalten, die Rezepte auszuprobieren. Das wäre schade, denn Mousses sind wirklich köstlich und bei allen beliebt. Falls Sie als Grundlage Fruchtpüree oder Schokolade verwenden, ist die Mousse relativ einfach zuzubereiten. Haben Sie keine Angst vor der Bayerischen Creme: Die Schritt-für-Schritt-Anleitung (auf den Seiten 192–194) hilft Ihnen und führt Sie zum Erfolg – Sie werden von Ihren Freunden für Ihr Können und Ihre kulinarische Kunststücke viel Lob und Applaus ernten.

Mousses, Parfaits & Bayerische Cremes

Himbeer-Mousse

Ergibt 6–8 Portionen

1½ Blatt Gelatine
400 g Himbeeren
120 g Italienisches Baiser (Seite 152)
100 ml Sahne
2 EL Himbeer-Eau-de-Vie oder Kirschwasser
18–24 Himbeeren zum Garnieren

Die Gelatine 5 Minuten in kaltem Wasser einweichen.

Die Himbeeren waschen und im Standmixer pürieren. Das Püree durch ein Sieb in eine Schüssel streichen und mit einem Schneebesen das Baiser untermischen.

In einer zweiten Schüssel die Sahne zu weichen Spitzen schlagen und unter die Baiser-Püree-Mischung heben.

Den Eau-de-Vie auf 50 °C erwärmen und vom Herd nehmen. Die Gelatine gründlich ausdrücken und im Alkohol vollständig auflösen. Zur Mousse geben und mit einem Teigspatel gleichmäßig unterrühren.

Die Mousse in sechs bis acht Gläser füllen, je nach Größe der Gläser, und für mindestens 2 Stunden in den Kühlschrank stellen.

Dieses einfache Dessert gelingt auch hervorragend mit Erdbeeren, schwarzen Johannisbeeren oder Sauerkirschen. Der Eau-de-Vie unterstreicht den fruchtigen Beerengeschmack. Falls die Frucht selbst wenig Geschmack hat, können Sie einen Spritzer Zitronensaft zum Fruchtpüree geben.

Vor dem Servieren jede Mousse mit drei Himbeeren garnieren. Dazu passen kleine Madeleines (Seite 262) ganz hervorragend.

Soll das Dessert etwas opulenter ausfallen, streiche ich die Mousse auf einen Genueser Biskuitboden (Seite 162) oder einen Löffelbiskuitboden (Seite 279) und rolle den Boden mit der Füllung wie bei der Biskuitrolle auf (Seite 168). Zum Schluss streue ich etwas Puderzucker darüber und serviere eine Himbeersauce (Seite 21) und/oder frische Himbeeren dazu.

Limetten-Mousse mit Walderdbeeren

Ergibt 8 Portionen

1 Blatt Gelatine
100 ml Limettensaft
45 g Zucker
100 g warmes Italienisches Baiser (Seite 152)
170 ml Sahne
Schale von 1 unbehandelten Zitrone, in Julienne geschnitten
250 g Walderdbeeren, geputzt

Die Gelatine 5 Minuten in kaltem Wasser einweichen. Die Hälfte des Limettensafts mit 15 Gramm Zucker in einem kleinen Topf erhitzen. Den Topf vom Herd nehmen, sobald sich der Zucker aufgelöst hat und der Limettensirup heiß ist. Die Gelatine nun sofort gut ausdrücken und zum Limetten-Sirup geben. Unter Rühren vollständig im Sirup auflösen. Den restlichen Limettensaft untermischen.

Den Limetten-Sirup in die Baiser-Mischung gießen und mit einem Schneebesen locker untermischen. In einer zweiten Schüssel die Sahne steif schlagen und unter die Limetten-Mischung heben. Die Masse auf acht Gläser verteilen und in den Kühlschrank setzen.

In einem kleinen Topf die restlichen 30 Gramm Zucker in 6 Esslöffeln Wasser auflösen und langsam zum Kochen bringen. Die in Julienne geschnittene Zitronenschale zufügen und 1 Minute köcheln lassen. Mit einer Gabel umrühren, die Schale abtropfen lassen und beiseitestellen.

Die Erdbeeren auf jeder Mousse dekorativ zu Türmchen schichten und mit den Zitronen-Streifen garnieren. Leicht gekühlt, aber nicht kalt, servieren.

Statt Walderdbeeren können Sie auch andere leckere Beeren verwenden – versuchen Sie das Rezept mit der Erdbeersorte Gariguette oder Himbeeren. Das Dessert können Sie bereits am Vortag vorbereiten.

Mousse von weißer Schokolade mit Kaffirlimette

Ergibt 4–6 Portionen

Hier geht die weiße Schokolade mit der Kaffirlimette eine wunderbare Liaison ein. Wenn Sie jedoch keine frische Frucht bekommen können, können Sie statt der abgeriebenen Schale auch Kaffirlimetten-Blätter verwenden. Zum Aromatisieren zwei bis drei Blätter in die heiße Milch geben und herausnehmen, bevor die Gelatine eingerührt wird.

150 g weiße Schokoladen-Kuvertüre (möglichst Valrhona), fein gehackt
½ Blatt Gelatine
50 ml Milch
Schale von 1 unbehandelten Kaffirlimette, gerieben
1½ TL flüssige Glukose
2 Eigelb
150 g Sahne
30 g Puderzucker

Eine feuerfeste Schüssel auf einen Topf setzen, der zu einem Drittel mit heißem Wasser gefüllt ist. Dabei kontrollieren, dass der Schüsselboden nicht mit dem Wasser in Berührung kommt. Die weiße Schokolade in die Schüssel geben und den Topf auf niedrigster Stufe erwärmen. Sobald die Schokolade halb geschmolzen ist, die Schüssel vom Topf nehmen.

Inzwischen die Gelatine 5 Minuten in kaltem Wasser einweichen. Die Milch in einem kleinen Topf erhitzen. Sobald sie anfängt zu kochen, die abgeriebene Schale der Kaffirlimette zufügen und den Topf vom Herd nehmen. Die Gelatine gut ausdrücken und in der heißen Milch-Mischung vollständig auflösen. Beiseitestellen und 3 Minuten ziehen lassen.

In einer zweiten Schüssel die Glukose, 1 Esslöffel warmes Wasser und die Eigelbe zu einer glatten Masse verrühren. In einer dritten Schüssel die Sahne mit dem Puderzucker steif schlagen.

Die heiße Milch-Mischung über die halb geschmolzene Schokolade gießen und mit einem Schneebesen glatt rühren. Zur Eigelb-Masse geben und alles zu einer homogenen Creme verrühren. Zum Schluss die Schlagsahne unterheben. Die Masse auf vier bis sechs Schälchen oder Förmchen verteilen und für mindestens 1 Stunde in den Kühlschrank stellen.

Leicht gekühlt, aber nicht eiskalt, servieren, damit sich der volle Geschmack entfaltet. Die Tuiles (Seite 269) sind perfekt als Beilage.

Schokoladen-Mousse mit Lavendel-Sahne und Beerenkompott

Ergibt 12 Törtchen

Dieses Rezept lässt sich eigentlich nur in großen Mengen herstellen, aber die einzelnen Törtchen können gut eingefroren werden. Sie halten sich im Gefrierfach bis zu 15 Tagen, ohne an Geschmack zu verlieren.

Für das Beerenkompott:
200 g Zucker
400 g gemischte rote Beeren (Erdbeeren, rote Johannisbeeren, Himbeeren, Blaubeeren, Walderdbeeren etc.)
Saft von 1 Zitrone

Für den Boden:
400 g Schokoladen-Biskuitteig (Seite 163)

Für das Kompott den Zucker in 200 Milliliter Wasser bei geringer Hitze auflösen. Das Zuckerwasser aufkochen und bei sehr geringer Hitze köcheln lassen. Nach und nach die Beeren einzeln zufügen, je nach Größe, Reifegrad und Struktur – beginnend mit den Erdbeeren und endend mit den Walderdbeeren. Die Beeren 2 Minuten pochieren, dann im Sirup erkalten lassen. Die abgekühlten Beeren abtropfen lassen. Den aufgefangenen Sirup zurück in den Topf gießen und bei starker Hitze sprudelnd auf ein Drittel einkochen lassen. Über die Beeren gießen. Den Zitronensaft zufügen, das Kompott abgedeckt in den Kühlschrank stellen.

Für den Teigboden den Backofen auf 180 °C (Gas Stufe 4) vorheizen. Ein Backblech mit einem 40 x 60 cm großen Stück Backpapier auslegen. Mit einer Streichpalette den Schokoladen-Biskuitteig gleichmäßig auf dem Backpapier verstreichen. Im Backofen 5–6 Minuten backen und zum Abkühlen Backpapier und Biskuit auf ein Kuchengitter gleiten lassen. Mit Metallringen (6,5 cm Ø und 3,5 cm Höhe) aus dem ausgekühlten Boden zwölf Kreise ausstechen, dabei den Biskuit im Ring belassen. Die Ringe mit Biskuitboden vorsichtig auf ein Kuchenblech setzen.

Für die Lavendel-Sahne die Eigelbe und den Zucker mit einem kleinen Schneebesen schaumig rühren. Die Sahne mit den Lavendelblüten in einen Topf geben, langsam aufkochen lassen und über die Eigelb-Zucker-Mischung gießen. Zurück in den Topf geben und bei geringer Hitze eindicken lassen, zwischendurch leicht umrühren. Die Creme sollte nicht wärmer als 85 °C werden.

Abbildung auf der Vorderseite

Kandierte junge Lavendelstängel, falls Sie welche bekommen können, sind eine hübsche Dekoration für dieses Dessert (siehe Abbildung). Einfach mit wenig Eiweiß einpinseln, mit Zucker bestreieun und einige Stunden an einem warmen Ort (bei 24–30 °C) trocknen lassen.

Für die Lavendel-Sahne:
3 Eigelb
40 g Zucker
250 ml Sahne
3 g Lavendelblüten (noch nicht ausgeblüht)
1 Blatt Gelatine

Für die Schokoladen-Mousse:
200 g dunkle Schokolade von guter Qualität mit 70 % Kakaoanteil (möglichst Valrhona), fein gehackt
150 ml Crème Anglaise (Seite 56)
240 g Crème double

In der Zwischenzeit die Gelatine 5 Minuten in kaltem Wasser einweichen. Die Sahnecreme vom Herd nehmen. Die Gelatine gut ausdrücken und in der Sahnecreme vollständig auflösen. Durch ein Sieb streichen und anschließend 30 Sekunden pürieren. Die Masse in eine Schüssel füllen und abkühlen lassen. Gelegentlich umrühren und dann in den Kühlschrank stellen, damit die Creme fest wird.

Für die Mousse Schokolade in eine Schüssel geben. Die Crème Anglaise leicht erwärmen und unter Rühren über die Schokolade gießen. Zu einer glatten Masse verrühren. In einer zweiten Schüssel die Sahne steif schlagen und vorsichtig unter die Mousse heben. Nur locker unterziehen, damit die luftige Struktur der Mousse nicht zerstört wird.

Die fest gewordene Sahnecreme in einen Spritzbeutel mit 1 cm breiter glatter Tülle füllen und einen 2 cm breiten Kreis mittig auf die Biskuitböden in den Metallringen spritzen. 10 Minuten ruhen lassen, damit die Creme fest werden kann. Die Ringe bis zum Rand mit der Schokoladen-Mousse füllen. Jede Form leicht auf die Arbeitsfläche klopfen, damit eventuelle Luftbläschen entweichen können. Die Oberfläche glatt verstreichen. Die Mousse zum Servieren in den Kühlschrank stellen.

Die Metallringe mit einem Gasbrenner oder einem heißen Geschirrtuch kurz von außen erwärmen und dann hochheben. Dabei den Biskuit leicht anheben. Auf einen Teller setzen und großzügig mit dem Beeren-Kompott anrichten. Sofort servieren.

Quark-Mousse mit Thymian-Pfirsichen

Ergibt 12 Stück

Für den Boden:
1 Mandel-Biskuitboden, 40 x 60 cm (Seite 276)

Für die Mousse:
2 Eigelb
50 ml süßer Weißwein
20 g Zucker
2 Blatt Gelatine
225 g Quark (20 % Fettstufe)
40 g flüssiger Lavendelhonig
150 ml Sahne

Für die Pfirsiche:
350 g Zucker
6 frische Thymianzweige
6 reife gelbfleischige Pfirsiche

Aus dem Biskuitboden mit zwölf Metallformen (8 x 4 cm) oder Metallringen (6,5 cm Ø und 3 cm Höhe) 12 Böden ausstechen. Die Formen mit Biskuitboden auf ein Backblech setzen.

Für die Mousse Eigelbe, Wein und Zucker in einer feuerfesten Schüssel über einem Topf mit siedendem Wasser in 5–6 Minuten schaumig rühren. Wenn die Creme eine Temperatur von 55–60 °C hat, die Schüssel vom Topf nehmen. Die Gelatine 5 Minuten in kaltem Wasser einweichen. Den Quark in eine große Schüssel geben.

Den Honig in einem kleinen Topf erhitzen und dann den Topf vom Herd nehmen. Die Gelatine gut ausdrücken und im Honig vollständig auflösen. Die Mischung unter kräftigem Rühren unter den Quark mischen. Anschließend die nur leicht erwärmte Ei-Wein-Masse unterheben. In einer zweiten Schüssel die Sahne steif schlagen und in die Mousse-Masse rühren. Die Mousse in die Förmchen füllen und für mindestens 6 Stunden in den Kühlschrank stellen.

Für die Thymian-Pfirsiche 1 Liter Wasser in einem Topf aufkochen lassen und Zucker sowie Thymianzweige zufügen. Bei geringer Hitze köcheln lassen. Die Schale der Pfirsiche mit einem Messer rundherum vorsichtig einritzen und die Früchte in kochendes Wasser legen. Sobald sich die Schale löst, die Pfirsiche herausnehmen und in einer Schüssel mit eiskaltem Wasser abschrecken. Die Schale abziehen und die Pfirsiche in den Thymian-Sirup geben, 2–3 Minuten darin ziehen lassen und anschließend im Sirup abkühlen lassen. Die Früchte herausnehmen und in kleine Würfel schneiden. In eine Schüssel geben, mit dem Sirup übergießen, abkühlen lassen und in den Kühlschrank stellen.

Einfach perfekt fürs Sommerfest. Bereiten Sie das Dessert einige Tage vorher zu und stellen Sie es in den Kühlschrank. Es empfiehlt sich nicht, die Zutatenmengen zu reduzieren und weniger Portionen herzustellen.

Die Metallformen mit einem Gasbrenner oder einem heißen Geschirrtuch kurz von außen erwärmen und dann abnehmen. Dabei den Biskuit leicht anheben und auf einen Teller setzen. Den Sirup um die Mousse herum verteilen. Jede Mousse mit einem Thymianzweig garnieren. Sofort servieren.

Aprikosen-Cognac-Mousse mit karamellisierten Mandeln

Ergibt 6–8 Portionen

Bei diesem eleganten und feinen Dessert bilden der knusprige Mandel-Karamell-Überzug und die seidige Aprikosen-Mousse einen wunderbaren Kontrast.

850 ml Zuckersirup (Seite 275)
1 Vanilleschote, längs aufgeschlitzt
10 reife Aprikosen
2 Blatt Gelatine
30 ml Cognac
250 g sehr kalte Crème double

Für die karamellisierten Mandeln:
125 g Zucker
40 g flüssige Glukose
32 blanchierte Mandeln

In einem mittelgroßen Topf ¾ Liter Zuckersirup und die Vanilleschote aufkochen. Aprikosen zufügen und je nach Reifegrad der Früchte 3–5 Minuten leicht köcheln lassen, dann die Früchte im Sirup abkühlen lassen. Die restlichen 100 Milliliter Sirup kalt stellen.

Für die Mandeln 50 Milliliter Wasser in einen Topf gießen, Zucker zufügen und langsam aufkochen. Die Glukose hinzugeben und auf 155 °C erhitzen, dann den Topf vom Herd nehmen. Die Mandeln nacheinander einzeln auf einen Cocktailspieß stecken und in den Sirup tauchen. Herausheben und den Spieß über einem Topf trocknen lassen, bis sich ein länglicher Tropfen bildet und der Sirup fest wird. Die Mandeln auf ein gefettetes Backblech legen, den Spieß herausziehen und die Mandeln an einem trockenen Ort beiseitestellen.

Für die Mousse die Gelatine 5 Minuten in kaltem Wasser einweichen. Die Aprikosen abtropfen lassen, halbieren und den Kern entfernen. Sechs bis acht schöne Aprikosenhälften zum Garnieren beiseitestellen. Die restlichen Aprikosenhälften in der Küchenmaschine pürieren. Das Fruchtpüree eventuell durch ein Sieb streichen. Den Cognac in einem Topf einige Sekunden erhitzen, dann den Topf vom Herd nehmen. Die Gelatine gut ausdrücken und im Cognac vollständig auflösen.

Die Crème double mit dem gekühlten Sirup steif schlagen und das Aprikosenpüree sowie die Gelatine-Mischung unterrühren. Auf sechs bis acht Gläser verteilen und für mindestens 4 Stunden in den Kühlschrank stellen.

Auf jede Mousse eine Aprikosenhälfte legen und mit den karamellisierten Mandeln garnieren. Sofort servieren.

Zitronen-Parfait mit Himbeeren

Ergibt 12 Stück

Das perfekte Party-Dessert! Es lohnt sich, größere Mengen zuzubereiten, denn Sie können Parfaits gut einfrieren, wenn Sie sie nicht gleich servieren.

1 großes Ei zzgl. 5 Eigelb
100 g Zucker
Schale von 2 unbehandelten Zitronen, fein gerieben
25 ml Zitronensaft (2–3 Zitronen)
½ Blatt Gelatine
60 ml Limoncello
150 ml Sahne
150 g Crème double

Für die Himbeer-Garnitur:
500 g Himbeeren
100 g Zucker
12–14 Minzezweige

Für das Parfait Ei, Eigelbe, Zucker, Zitronenschalenabrieb und -saft in einer feuerfesten Schüssel verrühren. Die Schüssel über einen Topf mit kochendem Wasser setzen (dabei sollte die Schüssel das Wasser nicht berühren). So lange rühren, bis die Masse sich auf 80–85 °C erwärmt hat. Die Schüssel vom Topf nehmen und weiterschlagen, bis die Masse auf 20–25 °C abgekühlt ist. In der Zwischenzeit die Gelatine in kaltem Wasser einweichen.

Ein Drittel des Limoncellos in einem kleinen Topf erhitzen. Den Topf vom Herd nehmen. Die Gelatine abtropfen lassen, gut ausdrücken und im Limoncello vollständig auflösen. Kurz abkühlen lassen und den restlichen Likör einrühren. Die Gelatine-Likör-Mischung locker unter die abgekühlte Zitronenmasse ziehen. In einer zweiten Schüssel Sahne und Crème double steif schlagen und unter die Parfait-Masse mischen.

Anschließend zwölf Metallringe (5 cm Ø und 3,5 cm Höhe) auf ein Backblech setzen und mit der Parfait-Masse füllen. Für mindestens 2–3 Stunden ins Gefrierfach setzen. Inzwischen für die Garnitur 150 Gramm schöne Himbeeren auswählen, waschen, halbieren und beiseitestellen. Die restlichen Beeren mit dem Zucker 1 Minute pürieren und durch ein Sieb in eine Schüssel passieren. Abdecken und in den Kühlschrank stellen.

Die Metallformen mit einem Gasbrenner oder einem heißen Geschirrtuch kurz von außen erwärmen und abnehmen, die Parfaits auf Teller setzen. Mit einem warmen Teelöffel etwas Parfait aus der Mitte herausnehmen und die entstandene Mulde mit Himbeeren füllen. Die Fruchtsauce darüber verteilen. Mit Minzezweigen garnieren und servieren.

Nougat-Parfait mit gebackenen Feigen

Ergibt 6–8 Portionen

Ein zart schmelzendes Dessert voller Geschmack mit der knusprigen Note von Mandel-Pistazien-Krokant.

6 kleine, reife grüne oder schwarze Feigen
120 g Zucker
30 g Pistazien, leicht geröstet
60 g gehobelte Mandeln, leicht geröstet
1–2 TL Erdnussöl für das Blech
60 g flüssiger Honig
15 g flüssige Glukose
3 Eiweiß
140 g Crème double
60 g gemischte kandierte Früchte (Ananas, Kirschen etc.), fein gewürfelt

Den Backofen auf 170 °C (Gas Stufe 3) vorheizen. Die Feigen in eine Auflaufform setzen, mit 30 Gramm Zucker bestreuen und 20–30 Minuten weich backen. Die Feigen mit dem eigenen Saft auf einen Teller setzen.

In einem kleinen Topf 60 Gramm Zucker bei geringer Hitze unter Rühren schmelzen lassen. Sobald der Zucker anfängt zu karamellisieren, die Nüsse zufügen und unter Rühren 1 Minute kochen. Ein Backblech mit Öl einpinseln. Die karamellisierten Nüsse auf das Blech setzen und in 30 Minuten fest werden lassen. Den Krokant auf ein Brett legen und mit dem Teigroller zerkleinern.

Die restlichen 30 Gramm Zucker mit Honig und Glukose in einem kleinen Topf bei geringer Hitze schmelzen lassen. Die Hitze erhöhen und die Temperatur des Sirups mit dem Zuckerthermometer kontrollieren, bis er 110 °C erreicht hat. In der Zwischenzeit die Eiweiße steif schlagen. Den ausreichend erhitzten Sirup in einem gleichmäßigen Strahl über den Eischnee gießen, dabei ständig rühren. Weiterrühren, bis das Baiser auf 35 °C abgekühlt ist.

Die Crème double cremig schlagen und unter das Baiser heben. Die kandierten Früchte und den Krokant einrühren. Sechs bis acht Becherförmchen oder Metallringe (8 cm Ø und 3 cm Höhe) auf ein Blech setzen und die Masse gleichmäßig einfüllen. Für mindestens 2 Stunden ins Gefrierfach stellen.

Die Metallformen mit einem Gasbrenner oder einem heißen Geschirrtuch kurz von außen erwärmen und abnehmen, die Nougats dabei auf Teller setzen. Jeden Nougat mit einer kalten gebackenen Feige anrichten und mit dem Feigensaft übergießen. Sofort servieren.

Anis-Parfait

Ergibt 8 Portionen

Anis ist mein Lieblingsaroma für Parfaits und die Brombeersauce passt wunderbar dazu. Sie können das Parfait einige Tage vorher zubereiten, da es auch beim Einfrieren seinen Geschmack behält.

1 Ei zzgl. 3 Eigelb
50 g Zucker
100 ml Sahne
100 g Crème double
30 ml Pastislikör (z. B. Ricard oder Pernod)

Zum Garnieren:
200 ml Brombeersauce (Seite 21)
1 Handvoll Brombeeren

Für das Parfait Ei, Eigelbe und Zucker in einer feuerfesten Schüssel verrühren. Die Schüssel über einen Topf mit 50–60 °C heißem Wasser setzen (dabei sollte die Schüssel das Wasser nicht berühren) und leicht erwärmen. Die Ei-Masse mit einem Schneebesen schaumig rühren. Die Schüssel vom Topf nehmen und weiterrühren, bis die Mischung auf 20–25 °C abgekühlt ist.

In einer zweiten Schüssel Sahne und Crème double mit dem Pastislikör steif schlagen und locker unter die schaumig gerührte Ei-Zucker-Mischung heben, sodass sich die Zutaten gerade verbinden.

Für das Parfait ein Backblech mit Backpapier auslegen, acht Metallringe (7 cm Ø) darauf setzen und die Parfait-Masse in die Ringe füllen. Mit Frischhaltefolie abdecken und bis zum Servieren ins Gefrierfach setzen.

Die Metallformen mit einem Gasbrenner oder einem heißen Geschirrtuch nacheinander kurz von außen erwärmen und abnehmen, die Parfaits dabei auf Teller setzen. Mit etwas Brombeersauce und einigen Brombeeren anrichten.

Macaroons mit Anis-Parfait-Füllung

Ergibt 8 Portionen

Ein ganz besonderes Dessert. Sie können das Parfait, die Macaroons und die Fruchtsauce 1–2 Tage vorher zubereiten und kurz vor dem Servieren zusammenfügen.

Für das Parfait:
1 Portion Anis-Parfait (Seite 189)

Für die Macaroons:
185 g Zucker
5 Eiweiß
190 g gemahlene Mandeln
190 g Puderzucker
1–2 Msp. gelbe Lebensmittelfarbe (Pulver)

Zum Anrichten:
ca. 6 getrocknete Brombeeren, zerstoßen (Seite 16)
200 ml Brombeersauce (Seite 21)
12 frische Brombeeren, halbiert

Für das Parfait ein Backblech mit Backpapier auslegen, acht Metallringe (7 cm Ø) darauf setzen und die Parfait-Masse in die Ringe füllen. Mit Frischhaltefolie abdecken und bis zur weiteren Verwendung ins Gefrierfach setzen.

Für die Macaroons in einem kleinen Topf 170 Gramm Zucker bei geringer Hitze in 50 Milliliter Wasser auflösen. In der Zwischenzeit zwei Eiweiße in einer feuerfesten Schüssel steif schlagen und dann nach und nach 15 Gramm Zucker einrieseln lassen, bis der Eischnee sehr steif ist. Weiterschlagen und langsam den 110 °C heißen Zuckersirup zugießen. Weiterschlagen, bis die Masse auf 40 °C abgekühlt ist.

Die gemahlenen Mandeln und den Puderzucker in eine große Schüssel sieben. Die restlichen Eiweiße mit der Lebensmittelfarbe mischen, die Mandel-Mischung zufügen und zu einer halbfesten Paste verrühren. Nun mit dem Teigspatel das Baiser untermischen, bis der Teig fest und schön glänzend ist. Mit einem Spritzbeutel mit 1 cm breiter glatter Tülle 16 Kreise von 6 cm Ø im Abstand von 3 cm auf das mit Backpapier ausgelegte Backblech spritzen. 30 Minuten ruhen lassen. Den Backofen auf 150 °C (Gas Stufe 2) vorheizen.

Die Macaroons mit den Brombeerstückchen bestreuen und 14 Minuten backen. Auf dem Backblech 2 Minuten auskühlen lassen, dann das Papier auf ein Kuchengitter gleiten lassen und 5–10 Minuten ruhen lassen. Die Macaroons vom Backpapier herunternehmen.

Die Ringe von den Parfaits lösen und die Parfaits 3 Minuten leicht antauen lassen. Mit einem Messer in die Mitte jedes Parfaits eine kleine Mulde ausschneiden. Jeweils ein Parfait auf die

flache Hälfte einer Macaroon setzen. Die kleine Mulde mit etwas Brombeersauce füllen und eine weitere Macaroonhälfte mit der runden Seite nach oben auf die Füllung setzen.

Mit einigen Beeren garnieren und mit Brombeersauce beträufeln.

Bayerische Creme mit Mango

Ergibt 6–8 Portionen

35 ml Milch
200 ml Mangopüree, passiert
Saft von ½ Limette
1½ Blatt Gelatine
3 Eigelb
20 g Zucker
200 ml Sahne
120 g Italienisches Baiser (Seite 152)
1 Haselnuss-Baiser (Seite 277)
1 Mango zum Garnieren (wahlweise)

Die Milch, das Mangopüree und den Limettensaft in einem Topf erhitzen, dabei gelegentlich umrühren. In der Zwischenzeit die Gelatine 5 Minuten in kaltem Wasser einweichen. Die Eigelbe und den Zucker in einer Schüssel schaumig rühren. Sobald die Mango-Mischung anfängt zu kochen, diese über die Eigelbe gießen.

Die Mischung zurück in den Topf füllen und bei geringer Hitze (ca. 80–85 °C) köcheln lassen, aber nicht zum Kochen bringen. Die Creme ist fertig, wenn sie leicht eindickt und am Löffelrücken einen Film bildet. Eine Fingerspitze sollte in der Creme eine klare Spur hinterlassen.

Eingewickelt in Frischhaltefolie hält sich die Creme 2 Wochen im Gefrierfach. Am Vortag herausnehmen und einige Stunden vor dem Servieren in den Kühlschrank stellen.

Die Masse durch ein Haarsieb in eine Schüssel streichen.

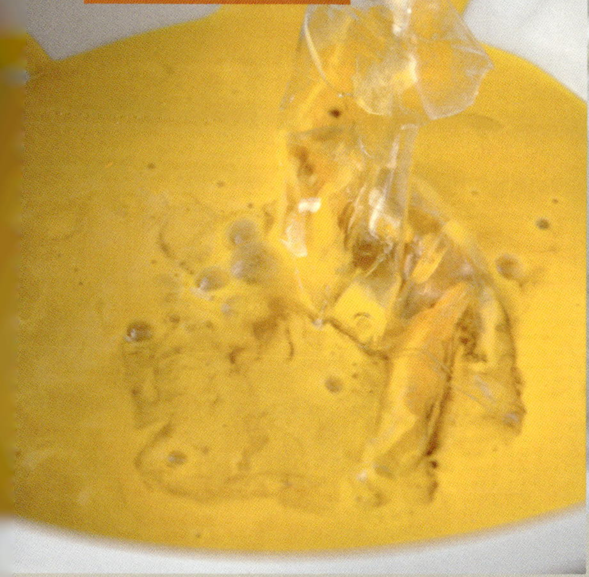

Die Gelatine gut ausdrücken und in der heißen Mango-Creme vollständig auflösen. Zum Abkühlen beiseitestellen, zwischendurch mehrmals umrühren.

In einer zweiten großen Schüssel die Sahne steif schlagen und die Baiser-Masse unterheben. Anschließend die Mango-Creme untermischen.

weiter auf der nächsten Seite

Die Masse auf sechs bis acht Becherförmchen (8 cm Ø am oberen Rand, 5 cm Ø am Boden und 5 cm Höhe) verteilen.

Aus dem dünnen Haselnuss-Baiserboden Kreise ausschneiden, die den gleichen Durchmesser haben wie der obere Förmchenrand. Einen Baiser-Kreis auf jede Creme legen und mit den Fingerspitzen leicht andrücken. Für 4 Stunden in den Kühlschrank oder für 2 Stunden ins Gefrierfach setzen.

Um die Creme aus den Förmchen zu lösen, die Förmchen bis zur Hälfte kurz in sehr heißes Wasser tauchen und die Creme auf Teller stürzen. Die Mango schälen und mit einem sehr scharfen Messer hauchdünne lange Mangostreifen abschneiden und die Creme damit garnieren. Direkt servieren.

Bayerische Creme mit Himbeeren Etwa 220 Gramm Himbeeren im Standmixer oder in der Küchenmaschine pürieren, durch ein Sieb streichen, um 200 Milliliter Püree zu erhalten. Genauso verfahren wie bei der Bayerischen Creme mit Mango, dabei die Mango durch das Himbeerpüree ersetzen. Die Creme mit einigen Himbeeren garnieren und mit Puderzucker bestäuben. Ergibt 6–8 Portionen.

Bayerische Creme mit Birnen Etwa 250 Gramm Birnen schälen, vom Kerngehäuse befreien und zusammen mit dem Saft von 1 Zitrone im Standmixer oder in der Küchenmaschine pürieren. Durch ein Haarsieb streichen, um 200 Milliliter Püree zu erhalten. Genauso verfahren wie bei der Bayerischen Creme mit Mango, dabei die Mango durch das Birnenpüree ersetzen. Zusätzlich noch ½ Blatt Gelatine zufügen. (Insgesamt also 2 Blatt Gelatine verwenden, da die Birne mehr Saft hat als die Mango.) Die Creme mit einigen Birnenwürfeln garnieren. Diese vorher mit Zitronensaft und etwas flüssigem Honig beträufeln. Ergibt 6–8 Portionen.

Bayerische Creme mit Karamell und Safran-Bratäpfeln

Ergibt 8 Portionen

Abbildung auf der Vorderseite

Zum Auskleiden der Form:
1 Portion Löffelbiskuitteig (Seite 279)
ca. 100 g Puderzucker, gesiebt

Für die getrockneten Apfelringe:
120 g Zucker
1 Prise Safranfäden
1 herber Apfel (z. B. Cox), ungeschält

Für die Bratapfelwürfel:
300 g herbe Äpfel (z. B. Cox)
60 g heller brauner Zucker
1 große Prise Safranfäden (1 g)

Den Backofen auf 220 °C (Gas Stufe 7) vorheizen. Zwei große Backbleche mit Silikon-Backmatten oder Backpapier auskleiden. Mit einem Spritzbeutel mit 8 mm breiter glatter Tülle den Löffelbiskuitteig im Abstand von 5 mm in diagonalen Streifen (20 cm Länge und 4 cm Breite) aufspritzen, sodass sie ein Band formen. Noch sieben weitere Bänder mit denselben Maßen aufspritzen. Großzügig mit Puderzucker bestäuben und 5 Minuten ruhen lassen. Erneut mit Puderzucker bestäuben und in 8 Minuten goldbraun backen. Auf den Backblechen 1 Minute ruhen lassen, dann die Streifen auf mit Geschirrtüchern ausgelegte Kuchengitter stürzen und das Papier abziehen. Abkühlen lassen.

Für die Apfelringe den Zucker bei mittlerer Temperatur in ¼ Liter Wasser auflösen. Aufkochen, Safranfäden zufügen und zum Abkühlen beiseitestellen. Den Apfel quer in hauchdünne Scheiben schneiden. In eine flache Form legen, mit dem kalten Sirup übergießen und 2 Stunden marinieren lassen. Den Backofen auf 90 °C (Gas Stufe ¼) vorheizen. Die Apfelringe abtropfen lassen und auf einem mit einer Silikon-Backmatte oder mit Backpapier ausgelegten Backblech in ausreichendem Abstand voneinander verteilen. Im Backofen 80 Minuten trocknen lassen und an einem trocknen Ort beiseitestellen.

Für die Bratäpfel den Backofen auf 250 °C (Gas Stufe 9) vorheizen. Die Äpfel schälen, vom Kerngehäuse befreien und in 2 cm große Würfel schneiden. In einer Schüssel mit Zucker und Safran mischen. Den Zucker 10 Minuten einziehen lassen. Die Apfelwürfel auf ein mit Backpapier ausgelegtes Backblech legen und 8–10 Minuten garen, bis sie karamellisieren. Zwischendurch alle 3 Minuten mit der Streichpalette wenden. Auf dem Backblech abkühlen lassen.

Für dieses beeindruckende Dessert können Sie sowohl die Löffelbiskuit-Streifen als auch die getrockneten Apfelringe 1–2 Tage vorher vorbereiten.

Für die Bayerische Creme:
2 Blatt Gelatine
70 g Zucker
120 ml Milch
290 ml Sahne
2 Eigelb

Zum Garnieren (wahlweise):
150 ml Orangen-Butter-Sauce (Seite 274)

Acht Metallringe (6,5 cm Ø und 3,5 cm Höhe) mit den Löffelbiskuitstreifen auskleiden und die Streifen eventuell an den Enden einkürzen, damit jeweils ein schönes Band entsteht. Auf ein mit Backpapier ausgelegtes Blech setzen und in den Kühlschrank stellen.

Für die Bayerische Creme die Gelatine 5 Minuten in kaltem Wasser einweichen. In einem kleinen Topf 50 Gramm Zucker bei geringer Hitze unter Rühren schmelzen. Sobald der Zucker dunkel karamellisiert, Milch und 120 Milliliter Sahne zufügen und den Topf vom Herd nehmen. Die Eigelbe und 20 Gramm Zucker in einer Schüssel 1 Minute verrühren und dann unter ständigem Rühren zur Karamell-Mischung geben. Zurück in den Topf gießen und bei geringer Hitze genau wie eine Crème Anglaise bei 84 °C kochen, bis die Masse eindickt. Dabei ständig weiterrühren. Den Topf vom Herd nehmen.

Nun die Gelatine sofort gut ausdrücken und in der Bayerischen Creme vollständig auflösen. Die Mischung durch ein Sieb in eine Schüssel geben, die in einer mit Eiswürfel und etwas kaltem Wasser gefüllten größeren Schüssel steht. So kann die Creme rasch abkühlen. Zwischendurch immer wieder umrühren, bis die Creme vollständig abgekühlt ist. Die restlichen 170 Milliliter Sahne steif schlagen. Sobald die Bayerische Creme fest wird, die Sahne vorsichtig unterheben. Die Creme in die Metallringe einfüllen und für 4 Stunden in den Kühlschrank oder für 1½ Stunden ins Gefrierfach setzen.

Vor dem Servieren auf jeden Teller eine Creme setzen und den Metallring abnehmen. Die karamellisierten Apfelwürfel auf die Creme löffeln, den getrockneten Apfelring senkrecht aufsetzen. Eventuell etwas Orangen-Butter-Sauce um die Creme herum verteilen und servieren.

Tartes sind das ganze Jahr über die perfekten Desserts – und sie können mit Früchten je nach Jahreszeit gefüllt oder belegt werden. Diese sollten Sie vorher pochieren oder dünsten. Weiche Früchte können sehr gut pur verwendet werden. Am besten servieren Sie die Tarte warm oder kalt, aber nicht zu sehr gekühlt. Für die meisten Rezepte in diesem Abschnitt habe ich entweder einen süßen Mürbeteig oder einen einfachen Blätterteig als Grundlage genommen, beide sind einfach vorzubereiten. Süßkartoffel-Pie mit Ahornsirup und Kataifi sind zwei von mir höchst geschätzte Rezepte, die ich auf meinen Reisen kennen lernte – Sie müssen sie unbedingt einmal versuchen. Und für besondere Anlässe können Sie Ihre Gäste mit der Windbeutel-Pyramide beeindrucken.

Tartes & Pies

Feine Zitronentarte

Ergibt 8 Portionen

Butter für die Form
350 g süßer Mürbeteig (Seite 281)
5 Eier
180 g Zucker
150 g Crème double
2 unbehandelte Zitronen
verquirltes Eigelb (1 Eigelb und 1 TL Milch)

Eine Ringform (22 cm Ø und 2 cm Höhe) mit Butter einpinseln und kühl stellen. Den Teig 3 cm dick ausrollen. Den Teig auf den Teigroller rollen und über der Backform entrollen.

Den Teig leicht in die Form drücken und überstehende Ränder abschneiden. Mit den Fingern die Teigränder etwas hochdrücken und mit Daumen und Zeigefinger einen dekorativen 2 mm breiten Rand formen. 20 Minuten kühl stellen.

Den Backofen auf 190 °C (Gas Stufe 5) vorheizen. Für die Füllung Eier und Zucker leicht verquirlen, dabei sollte die Mischung nicht zu hell werden. In einer zweiten Schüssel die Crème double schaumig rühren und unter die Eier mischen. Die Zitronenschale fein reiben und zusammen mit dem Zitronensaft zugeben. Die Masse mit Frischhaltefolie abdecken und kühl stellen.

Den Mürbeteig mit Backpapier und einer Lage trockener Hülsenfrüchte belegen und 15 Minuten blind backen. Hülsenfrüchte und Papier entfernen und den Teig kurz ruhen lassen. Den Teigboden und die -innenseite mit verquirltem Eigelb einpinseln. Nochmals 5 Minuten backen, bis der Teig hellgelb ist. Den Teigboden aus dem Backofen nehmen und die Temperatur im Backofen auf 150 °C (Gas Stufe 2) reduzieren.

Diese Tarte schmeckt besser, je länger sie durchziehen kann. Bereiten Sie sie deshalb am Vortag vor und stellen Sie sie kühl, jedoch nicht in den Kühlschrank, sonst weicht der Teig durch.

Die Zitronenfüllung locker umrühren und auf dem Boden verteilen. Zurück in den Backofen schieben und 1 Stunde backen. Danach sollte die Füllung fest sein. Noch 5 Minuten ruhen lassen, dann die Tarte vorsichtig aus der Form nehmen. Vor dem Servieren mindestens 4 Stunden auf einem Kuchengitter auskühlen lassen.

Sie können die Tarte direkt servieren oder vorher noch mit einer dicken Schicht Puderzucker bestäuben. Rote Beeren der Saison schmecken köstlich dazu.

Zitronentarte mit Basilikum Etwa 50 Gramm Basilikumblätter grob hacken und zur Zitronenfüllung geben. Abdecken und mindestens 6 Stunden kühl stellen, damit das Aroma sich entfalten kann. Die Mischung durch ein Sieb geben und die Basilikumblätter entfernen. Auf dem blind gebackenen Teigboden verteilen und nach Anleitung backen. Zum Garnieren einige ganze Basilikumblätter mit leicht verquirltem Eiweiß bestreichen, mit Zucker bestreuen und zum Trocknen einige Stunden beiseitestellen. Die Tarte mit den kandierten Basilikumblättern verzieren.

Erdbeertarte Den Teigboden blind backen, Hülsenfrüchte und Papier entfernen und weitere 10–15 Minuten backen, bis der Teig gar ist. 5 Minuten auskühlen lassen, die Form entfernen und den Boden vollständig abkühlen lassen. 500–700 Gramm süße Erdbeeren waschen, putzen und halbieren (kleine Beeren ganz lassen). Behutsam 300 Gramm Crème Chantilly (Seite 272) mit 150 Gramm Konditorcreme (Seite 273) mischen und auf dem Teig verteilen. Mit den Erdbeeren verzieren und mit Puderzucker bestäuben.

Aprikosentarte Den Teig wie für die Zitronentarte blind backen und in der Form abkühlen lassen. Den Backofen auf 200 °C (Gas Stufe 6) vorheizen. 450 Gramm Konditorcreme (Seite 273) gleichmäßig auf dem Boden verteilen. Im heißen Backofen 20 Minuten backen. Inzwischen 80 Gramm Zucker in 80 Milliliter Wasser im Topf bei geringer Hitze auflösen, zum Kochen bringen und 5 Minuten sprudelnd zu einem Sirup einkochen. Die gebackene Tarte 1–2 Minuten abkühlen lassen, dann aus der Form nehmen und die Oberseite mit dem Sirup bestreichen.

Aprikosen-Sandtörtchen

Ergibt 8 Portionen

Um das natürliche Aroma der Aprikosen richtig genießen zu können, servieren Sie dieses einfache Dessert vorzugsweise warm. Lavendel-Eiscreme passt gut dazu, aber auch Vanille-Eiscreme oder Sahne sind ideale Begleiter.

Für die Sandtörtchen:
150 g weiche Butter
3 Eigelb
190 g Mehl
1½ TL Backpulver
125 g Zucker
½ TL grobes Meersalz

Für die gebackenen Aprikosen:
16 reife Aprikosen à 60 g
200 g flüssiger Lavendel-Honig

Für die Garnitur (wahlweise):
Lavendel-Eiscreme (Seite 129)
10 g Lavendelblüten (noch nicht ausgeblüht)

Für die Sandtörtchen Butter und Eigelbe in einer Schüssel mit den Fingerspitzen vermengen. Die restlichen Zutaten mit den Fingern einarbeiten, bis der Teig fein krümelig ist. Auf der Arbeitsfläche den Teig mit den Handballen glatt kneten, zu einer Kugel formen und in Frischhaltefolie eingewickelt 20 Minuten kühl stellen. Den Backofen auf 170 °C (Gas Stufe 3) vorheizen.

Auf einer leicht mit Mehl bestäubten Arbeitsfläche den gekühlten Teig zu einer Rolle (4 cm Ø) formen. Nun 16 jeweils 2 cm dicke Scheiben abschneiden und auf das Backpapier legen. (Aus dem restlichen Teig später Plätzchen backen.) 12 Minuten im Backofen backen, herausnehmen und auf dem Kuchengitter auskühlen lassen. Die Temperatur des Backofens um 10 °C (Gas um ½ Stufe) reduzieren.

Die Aprikosen in eine ausreichend große Auflaufform legen und mit dem Honig bedecken. Je nach Reifegrad der Früchte 10–15 Minuten im Backofen backen, dabei alle 3–4 Minuten mit dem Honig in der Form bestreichen. Die Aprikosen herausnehmen und abkühlen lassen. Sie sollten noch etwas warm sein.

Jeweils 2 Sandtörtchen auf einen Teller legen und jedes Törtchen mit einer Aprikose belegen. Eine Kugel Lavendel-Eiscreme zwischen die Törtchen setzen. Die Aprikosen eventuell mit etwas Honig aus der Form beträufeln und mit Lavendelblüten bestreuen.

Ananas-Brombeeren-Pie

Ergibt 8 Portionen

Ich serviere diesen Pie gern mit einer Grapefruit-Ingwer-Zabaione (Seite 69), die die Aromen von Ananas und Brombeere bestens ergänzt.

Butter für die Form
400 g süßer Mürbeteig (Seite 281)
350 g Zucker
8 Sternanise
1 reife Ananas (ca. 2 kg)
800 g Brombeeren
verquirltes Eigelb (1 Eigelb und 2 TL Milch)

Eine Ringform (20 cm Ø und 2,5 cm Höhe) mit Butter einpinseln und auf ein Backblech setzen. Auf einer leicht mit Mehl bestäubten Arbeitsfläche 300 Gramm süßen Mürbeteig 3 mm dick zu einem Kreis ausrollen und die Backform damit auslegen. Den Teig an sechs Stellen mit der Gabel einstechen. Den restlichen Mürbeteig zu einem 22 cm großen Kreis ausrollen und auf ein Backblech legen. Beide Teigböden im Kühlschrank ruhen lassen.

Nun 1 Liter Wasser, 250 Gramm Zucker und die Sternanise in einem Topf leicht erhitzen. Die Ananas mit einem Messer schälen, dann der Länge nach vierteln und den Strunk entfernen. Die Ananas zum Zuckersirup in den Topf geben und bei geringer Hitze 45 Minuten kandieren. Im Sirup abkühlen lassen. Die abgekühlten Ananasstücke in feine Scheiben schneiden und in einem Sieb abtropfen lassen. Sternanise entfernen.

Die Brombeeren mit den restlichen 100 Gramm Zucker in einen Topf geben und bei geringer Hitze 30 Minuten leicht köcheln lassen. In eine Schüssel füllen und abkühlen lassen. Die Früchte sollten nun die geleeartige Konsistenz von Marmelade haben. Eventuell in einem Sieb überschüssige Flüssigkeit abtropfen lassen.

Den Backofen auf 180 °C (Gas Stufe 4) vorheizen. Die einzelnen Frucht-Massen jeweils in Spritzbeutel mit 1–1,5 cm breiter glatter Tülle füllen. Eine doppelte Reihe Ananas-Masse an den Innenrand des Teigbodens spritzen. Direkt daneben einen doppelten Rand der Brombeer-Masse spritzen. Mit der restlichen Ananas-Masse einen weiteren breiten Rand spritzen und die Mitte mit dem Rest der Brombeer-Mischung auffüllen.

Die Teigränder mit Eigelb bestreichen und den Teigdeckel auflegen. Mit Daumen und Zeigefinger die Teigränder fest zusammendrücken, dabei einen dekorativen Rand formen. Die Oberseite des Pies mit Eigelb bestreichen und mit der Gabel ein Rillenmuster in den Teigdeckel ritzen. Im Backofen 25 Minuten backen.

Den Pie vorsichtig auf ein Kuchengitter setzen und den Tortenring lösen. Vor dem Servieren auskühlen lassen.

Süßkartoffel-Pie mit Ahornsirup und Whisky

Ergibt 8 Portionen

Ich liebe die gehaltvolle, seidige Süße dieses klassischen Pies aus dem Süden der USA.

Für den Teig:
200 g Mehl
100 g weiche Butter, gewürfelt, zzgl. Butter für die Form
1 Prise Salz
50 ml kalte Milch
verquirltes Eigelb (1 Eigelb und 2 TL Milch)

Für die Füllung:
750 g Süßkartoffeln (etwa 3), geschält
200 ml Milch
200 g Crème double
1 Zimtstange, in kurze Stücke gebrochen
6 Gewürznelken
12 Pfefferkörner, zerstoßen
¼ TL Muskatnuss, frisch gerieben
40 g Butter, zerlassen
250 g Ahornsirup
60 ml Bourbon Whisky
75 g heller Roh-Rohrzucker (Muscovado-Zucker)
75 g Zucker
1 Prise Salz
2 Eier zzgl. 3 Eigelb

Für den Teig das Mehl auf die Arbeitsfläche geben, Butter und Salz hinzufügen und zu einem fein-krümeligen Teig verarbeiten. Mit Milch zu einem glatten Teig verarbeiten. In Frischhaltefolie wickeln und für mindestens 20 Minuten in den Kühlschrank legen.

Für die Füllung die Süßkartoffeln in 2 cm große Würfel schneiden und zusammen mit der Milch und der Crème double in einen Topf geben. Die Gewürze in ein Stück Musselin wickeln und zufügen. Alle Zutaten langsam aufkochen und dann bei geringer Hitze 30 Minuten leicht köcheln lassen. Ein Stück Pergamentpapier auf die Oberfläche legen, damit sich keine Haut bildet (Seite 283). Kurz abkühlen lassen und den Stoffbeutel mit den Gewürzen entfernen. Die Masse in einer Küchenmaschine glatt pürieren und durch ein Sieb in eine Schüssel streichen. 10 Minuten ruhen lassen, dann die restlichen Zutaten locker untermischen.

Eine Ringform mit herausnehmbarem Boden (23 cm Ø) mit Butter einpinseln. Auf einer mit Mehl bestäubten Arbeitsfläche den Teig 2–3 cm dick zu einem Kreis ausrollen. Die Backform mit dem Teig auslegen und am Boden und an den Rändern leicht andrücken. Für 20 Minuten in den Kühlschrank stellen. Den Backofen auf 170 °C (Gas Stufe 3) vorheizen. Den Teigboden mehrfach mit der Gabel einstechen und im Backofen 20 Minuten blind backen (Seite 283). Den Boden mit Eigelb bestreichen und für weitere 5 Minuten in den Backofen schieben.

Die Füllung kräftig umrühren, auf den Teigboden füllen und 40 Minuten backen. 5 Minuten in der Form auskühlen lassen, dann herausnehmen und mindestens 1 Stunde abkühlen lassen. Mit Schlagsahne servieren.

Schokoladen-Himbeer-Tarte

Ergibt 8 Portionen

250 g süßer Mürbeteig (Seite 281)
200 g frische reife Himbeeren (oder tiefgekühlt, aufgetaut und gut abgetropft), große Himbeeren halbiert

Für die Ganache:
¼ l Sahne
200 g dunkle Schokolade von guter Qualität mit 70 % Kakaoanteil (möglichst Valrhona), gehackt
25 g flüssige Glukose
50 g Butter, fein gewürfelt

Den Teig auf einer mit Mehl bestäubten Arbeitsfläche 2–3 cm dick zu einem Kreis ausrollen und eine Ringform (22 cm Ø und 2,5 cm Höhe) damit auslegen. Die Form auf ein Backblech setzen und 20 Minuten kühl stellen.

Den Backofen auf 190 °C (Gas Stufe 5) vorheizen. Den Teig mit der Gabel mehrfach leicht einstechen. Den Teig mit Backpapier belegen, mit Backerbsen aus Keramik füllen und 20 Minuten blind backen. Papier und Bohnen entfernen und die Backofentemperatur auf 180 °C (Gas Stufe 4) herunterdrehen. Den Teig weitere 5 Minuten backen und dann auf ein Kuchengitter setzen und abkühlen lassen. Die Ringform entfernen. Nun die Himbeeren auf dem gut ausgekühlten Kuchenboden verteilen und leicht andrücken.

Für die Ganache die Sahne in einem Topf bei mittlerer Temperatur langsam aufkochen lassen. Den Topf vom Herd nehmen und die Schokolade zufügen. Mit einem Schneebesen gut untermischen, dann die Glukose zugeben. Alle Zutaten zu einer glatten Creme verrühren. Nach und nach die Butter einrühren.

Die Schokoladencreme über den Himbeeren verteilen und die Zwischenräume bis zum oberen Tarte-Rand auffüllen. Abkühlen lassen. Anschließend die Tarte für mindestens 2 Stunden in den Kühlschrank stellen.

Mit einem scharfen Messer die Tarte vorsichtig in Stücke schneiden, dabei das Messer nach jedem Schnitt in heißes Wasser tauchen. Gut abgekühlt, aber nicht direkt aus dem Kühlschrank servieren.

Pies mit herbstlicher Fruchtfüllung

Ergibt 4 Portionen

6 Äpfel (möglichst Cox oder Gala)
Saft von 1 Zitrone
320 g Zucker
4 Gewürznelken
1 Prise Muskatnuss, frisch gerieben
8 reife Pflaumen (möglichst Victoria oder Zwetschgen)
280 g Brombeeren, große Früchte halbiert
500 g Blätterteig, einfach (Seite 281)
verquirltes Eigelb (2 Eigelb und 1½ EL Milch)

Die Äpfel schälen, vom Kerngehäuse entfernen und achteln. Zusammen mit dem Zitronensaft, 120 Gramm Zucker, den Gewürznelken und der Muskatnuss in einen Topf geben und bei starker Hitze 4–5 Minuten aufkochen, dabei einmal umrühren. Die Äpfel sollten nun halb gegart sein. In einer Schüssel beiseitestellen.

Für die Pflaumen ¼ Liter Wasser und 200 Gramm Zucker in einen Topf geben. Bei mittlerer Temperatur aufkochen lassen. Falls nötig, die Oberfläche abschöpfen. Pflaumen gründlich waschen, je nach Größe halbieren oder vierteln, entsteinen und in den kochenden Sirup tauchen. Den Topf sofort vom Herd nehmen und die Pflaumen in der Resthitze im Sirup einweichen lassen.

Die Brombeeren in eine Schüssel geben. Mit dem sehr heißen Pflaumensirup übergießen, bis sie gerade bedeckt sind, und zum Abkühlen beiseitestellen. Die abgekühlten Pflaumen und Brombeeren abtropfen lassen und den Sirup auffangen. Den Sirup in einem Topf bei starker Hitze zu einem dicken, sirupartigen Saft einkochen und zum Abkühlen beiseitestellen.

Äpfel, Pflaumen und Brombeeren in eine große Schüssel füllen und mit dem abgekühlten, reduzierten Sirup übergießen und leicht vermischen. Die Früchte auf vier kleine ovale Pie-Förmchen (14 cm Länge, 10 cm Breite und 6 cm Höhe) verteilen.

Abbildung auf der Vorderseite

Alle Früchte können Sie bereits am Vortag kochen. Sie müssen die Pies dann nur noch 1–2 Stunden vor dem Backen fertigstellen. Crème Anglaise (Seite 56) passt perfekt dazu.

Ein Viertel des Blätterteigs auf einer mit Mehl bestäubten Arbeitsfläche 3 cm dick zu einer ovalen Form ausrollen, die rundherum 2 cm größer ist als ein Pie-Förmchen. Den Rand eines Förmchens mit Eigelb einpinseln und das ovale Teigstück auf das Förmchen auflegen. Mit den anderen drei Pies ebenso verfahren. Vor dem Backen 20 Minuten in den Kühlschrank stellen.

Den Backofen auf 180 °C (Gas Stufe 4) vorheizen. Eventuell überhängende Teigränder mit einer Schere einkürzen. Den Teigdeckel mit Ei bestreichen und mit einem kleinen Messer einen dekorativen Rand einritzen. Aus den Teigresten Blätter ausschneiden, diese auf die Pies legen und mit Eigelb bestreichen.

Mit der Messerspitze ein kleines Loch in die Mitte des Teigdeckels ritzen. Die Pies im Backofen in 25 Minuten goldbraun backen.

Die Pies auf Teller setzen und vor dem Servieren 5–10 Minuten abkühlen lassen. Einen Krug mit warmer Crème Anglaise oder Sahne dazu reichen.

Feine Pflaumen-Törtchen

Ergibt 6 Portionen

Diese köstlichen Blätterteigtörtchen sind einfach zuzubereiten.
Den restlichen Sirup können Sie mit Naturjoghurt zum Frühstück servieren.

750 g reife Pflaumen (möglichst Victoria oder Zwetschgen, Reineclaudes)
½ l Zuckersirup (Seite 275)
3 Lorbeerblätter
380 g Blätterteig, einfach (Seite 281)
200 g Konditorcreme (Seite 273)
Saft von ½ Zitrone

Die Pflaumen waschen, halbieren, entsteinen und in eine Schüssel geben. Den Zuckersirup mit den Lorbeerblättern in einem Topf aufkochen, dann 5 Minuten leicht abkühlen lassen. Die Pflaumen mit dem noch heißen Sirup übergießen und zum Abkühlen beiseitestellen.

Auf einer mit Mehl bestäubten Arbeitsfläche den Teig 2 mm dick ausrollen und 6 Teigkreise (12 cm Ø) ausschneiden. Ein Backblech mit etwas kaltem Wasser einpinseln und die Teigkreise daraufsetzen. 20 Minuten kalt stellen.

Den Backofen auf 180 °C (Gas Stufe 4) vorheizen. Die Teigkreise 6-mal mit der Gabel einstechen. Die Konditorcreme auf den Kreisen verteilen und gleichmäßig verstreichen, dabei einen 1 cm breiten Rand aussparen. Die Pflaumen gründlich abtropfen lassen und den Sirup auffangen. Die Früchte auf der Konditorcreme verteilen, wahlweise mit der runden Seite nach oben oder unten. Im Backofen 15–20 Minuten backen. Dann sollte der Teigboden fertig gebacken sein.

Die Törtchen auf ein Kuchengitter heben und leicht auskühlen lassen. In der Zwischenzeit den aufgefangenen Sirup in einem Topf bei starker Hitze zu einem dicken, sirupartigen Saft einkochen, dann den Zitronensaft zugeben. Mit einem Backpinsel die Pflaumen mit dem Sirup bestreichen. Auf jeden Teller ein Törtchen setzen und lauwarm servieren.

Feigen im Blätterteigmantel

Ergibt 6–8 Portionen

Sie können frische Feigen verwenden und die Zubereitung mit dem Sirup überspringen, wenn die Feigen wirklich reif und süß-saftig sind. Das Blätterteiggitter können Sie am Vortag zubereiten und 2–3 Stunden vor dem Backen aus dem Kühlschrank nehmen.

1 l Zuckersirup (Seite 275)
2 Rosmarinzweige
10–14 reife Feigen (je nach Größe)
450 g Blätterteig, einfach (Seite 281)
150 g Mandelcreme (Seite 273)
verquirltes Eigelb (1 Eigelb und 1 TL Milch)
Puderzucker zum Bestäuben

Den Zuckersirup mit dem Rosmarin aufkochen lassen. Die Feigen in eine Auflaufform setzen, mit dem kochenden Sirup übergießen und zum Abkühlen beiseitestellen. Dann die Form in den Kühlschrank stellen.

Auf einer mit Mehl bestäubten Arbeitsfläche den Teig zu einem 28 x 24 cm großen Rechteck ausrollen. Mit einem Messer zwei gleichgroße Streifen von 28 x 12 cm schneiden. Einen Streifen locker auf den Teigroller rollen, auf einem Backblech abrollen und in den Kühlschrank setzen.

Den anderen Streifen ebenso auf einem zweiten Backblech abrollen, dann mit einer Gabel leicht einstechen. Die Mandelcreme darauf verteilen, dabei einen 2 cm breiten Rand aussparen. Die Feigen abtropfen lassen, dabei den Sirup auffangen, und dicht nebeneinander auf die Mandelcreme legen. Den Teigrand mit etwas verquirltem Eigelb bestreichen.

Den zweiten Teigstreifen mit etwas Mehl bestäuben, dann der Länge nach halb übereinanderklappen, ohne die beiden Seiten zusammenzudrücken. Mit einem Messer in Abständen von 3 mm kleine Schnitte an der umgeklappten Seite einritzen, dabei einen Rand von 2 cm aussparen. Den Streifen zurückklappen, locker auf eine Teigrolle rollen und über dem mit Feigen belegten Teig wieder abrollen. Die Ränder mit den Fingerspitzen fest zusammendrücken, dann 30 Minuten kalt stellen. Den Backofen auf 200 °C (Gas Stufe 6) vorheizen.

Die Oberseite mit dem verquirltem Eigelb bestreichen. Die Längsseiten glatt abschneiden, dabei vom Teigrand einen etwa 3 mm breiten Rand entfernen. Mit der Messerspitze kleine

Schrägstreifen an den Seiten einritzen und 25–30 Minuten backen. Kurz vor Ende der Backzeit aus dem Backofen nehmen, mit Puderzucker bestäuben und für die letzten 2 Minuten weiterbacken, bis er eine schöne Glasur bekommt. Zum Abkühlen sofort auf ein Kuchengitter heben.

Am besten warm servieren. Dazu den gefüllten Blätterteig in Scheiben schneiden und nach Belieben eingekochten Feigensaft dazu reichen.

Tarte Tatin

Ergibt 4–6 Portionen

Im Waterside Inn ist diese Tarte ein beliebtes Winterdessert. Manchmal bereiten wir sie auch mit Birnen zu. Beide Varianten sind einfach himmlisch zusammen mit Vanille- oder Zimt-Eiscreme (Seite 126 und Seite 129).

6 mittelgroße Äpfel (möglichst Cox oder Gala)
Saft von ½ Zitrone
120 g weiche Butter
160 g Zucker
200 g Blätterteig, einfach (Seite 281)

Die Äpfel schälen, vom Kerngehäuse befreien, halbieren und mit Zitronensaft beträufeln. Eine ofenfeste Pfanne oder ein Tarteform in ähnlicher Größe mit Butter einpinseln. Den Zucker gleichmäßig darauf verteilen. Die Apfelhälften mit der runden Seite nach unten auflegen.

Den Teig auf einer mit Mehl bestäubten Arbeitsfläche 3 mm dick zu einem Kreis ausrollen, der 2 cm größer ist als der Durchmesser der Pfanne oder der Form. Den Teig 8-mal mit einer Gabel einstechen, auf eine Teigrolle aufrollen und über den Äpfeln abrollen. Der Teig sollte etwa 1 cm am Rand überhängen. Für mindestens 20 Minuten kalt stellen.

Den Backofen auf 180 °C (Gas Stufe 4) vorheizen. Die Pfanne bei mittlerer Hitze 10 Minuten auf den Herd stellen. In der Zeit können Butter und Zucker hellbraun karamellisieren. Mit einer Streichpalette die Teigränder rundherum anheben und kontrollieren, ob die Unterseite auch gleichmäßig karamellisiert. Nun 30 Minuten im Backofen backen, bis der Teig und die Äpfel gar sind.

Die Tarte aus dem Backofen nehmen, 2–3 Minuten ruhen lassen und dann auf eine Tortenplatte stürzen. Dazu am besten die heiße Form mit einem trockenen Geschirrtuch festhalten. Die Äpfel eventuell mit einer Messerspitze ein wenig zurechtrücken, falls sie beim Stürzen verrutschen. Sofort servieren.

Rote-Beeren-Tarte

Ergibt 6 Portionen

Das einfache Dessert kann kurz vor dem Servieren zusammengefügt werden. Sie benötigen lediglich schöne, reife, süße Beeren. Minze und Pfeffer übernehmen einen wichtigen Part, unterstreichen sie doch den Geschmack der Beeren.

100 g Zucker
200 g kleine Brombeeren (größere Früchte halbieren)
200 g kleine Erdbeeren
200 g Himbeeren
10 g Minzeblätter
schwarzer Pfeffer, frisch gemahlen
150 g weiche Butter zzgl. etwas Butter für die Form
10 Blätter Filoteig (fertig gekauft oder Brickteig-Blätter)

Den Zucker in einem großen Topf bei mittlerer Temperatur schmelzen lassen. Sobald er anfängt zu karamellisieren, die Brombeeren zufügen. Nach 1 Minute die Erdbeeren und nach weiteren 2 Minuten die Himbeeren zugeben. 3 Minuten kochen lassen. Nun die Minze und den frisch gemahlenen Pfeffer aus der Pfeffermühle (4- bis 5-mal gedreht) zufügen. Die Früchte im Sieb über einer Schüssel abtropfen lassen und den Saft auffangen. Den Saft in einem kleinen Topf bei geringer Hitze sprudelnd zu einem Sirup einkochen. Mit den abgetropften Früchten zum Abkühlen beiseitestellen.

Den Backofen auf 180 °C (Gas Stufe 4) vorheizen. Eine Ringform mit herausnehmbarem Boden (18–20 Ø) einfetten. Drei Filoteigblätter mit Butter bestreichen und locker übereinander in die Form schichten. Die Blätter dürfen an den Seiten überhängen. Ein Drittel der abgetropften Früchte darauf verteilen, dann zwei weitere Filoteigblätter mit Butter einpinseln und auf die Früchte legen. Die restlichen Früchte darauf verteilen. Die letzten drei Filoteigblätter großzügig mit Butter einpinseln und auf die Früchte legen. Die überhängenden Seiten des Teigs nach innen klappen.

Im Backofen 15–20 Minuten backen, bis der Teig eine helle, nussbraune Farbe angenommen hat. Vor dem Servieren 5–10 Minuten ruhen lassen.

Den herausnehmbaren Boden vorsichtig hochheben und die Tarte aus der Form auf eine Tortenplatte gleiten lassen. Mit dem eingekochten Saft dekorativ beträufeln und sofort servieren.

Erdbeer-Creme-Schnitten

Ergibt 6 Portionen

Diese neue Kreation meines Sohnes Alain ist im Waterside Inn sehr beliebt. Sie besteht aus einem luftigen, federleichten Blätterteig, der mit köstlicher Vanillesahne und Erdbeeren gefüllt ist und durch die Puderzuckerglasur einen schönen Glanz erhält.

250 g Blätterteig, einfach (Seite 281)
60 g Puderzucker
1 Blatt Gelatine
350 ml warme Crème Anglaise (Seite 56)
50 ml Sahne
300 g Erdbeeren, gewaschen und in feine Scheiben geschnitten

Den Teig auf einer bemehlten Arbeitsfläche 4 mm dick zu einem Rechteck (36 x 12 cm) ausrollen. In sechs Rechtecke à 12 x 6 cm schneiden, auf ein Backblech setzen und 20 Minuten kühl stellen.

Den Backofen auf 180 °C (Gas Stufe 4) vorheizen. In jede Ecke des Backblechs einen 3 cm hohen Backring stellen und ein zweites Backblech darauflegen, damit der Teig beim Backen leicht zusammengedrückt wird. 15 Minuten backen, dann die Temperatur auf 170 °C (Gas Stufe 3) reduzieren und den Teig weitere 10 Minuten backen. Aus dem Backofen nehmen und das obere Backblech und die Ringe entfernen. Die Backofentemperatur auf 230 °C (Gas Stufe 8) erhöhen. Den Blätterteig mit Puderzucker bestäuben und zum Glasieren 2–3 Minuten zurück in den Backofen schieben. Darauf achten, dass die Glasur nicht verbrennt. Zum Auskühlen auf ein Kuchengitter heben.

Die Gelatine 5 Minuten in kaltem Wasser einweichen, ausdrücken und in der warmen Creme vollständig auflösen. Abkühlen lassen, dann 4–5 Stunden im Kühlschrank fest werden lassen. Anschließend einmal gut umrühren. Die Sahne steif schlagen und unter die Creme heben. In einen Spritzbeutel mit 1,5 cm breiter gezackter oder glatter Tülle füllen und 30 Minuten kühl stellen.

Mit einem Messer die Teigränder abschneiden und jedes Blätterteigstück waagerecht in drei Lagen schneiden. Die Erdbeerscheiben auf der unteren Lage verteilen, die mittlere Lage auflegen und die Creme großzügig darauf streichen. Zuletzt die glasierte Teiglage auflegen und leicht andrücken. Die Blätterteigschnitten auf Tellern anrichten.

Windbeutel-Pyramide

Ergibt 6–8 Portionen

Abbildung auf der Vorderseite

Für den Brandteig:
⅛ l Milch
100 g Butter, gewürfelt, zzgl. etwas Butter für die Form
½ TL Salz
1 TL Zucker
150 g Mehl
4 Eier
verquirltes Eigelb (1 Eigelb und 2 TL Milch)

Für die Füllung und die Glasur:
250 g Zucker
40 g flüssige Glukose
150 g Crème double
1 EL Grand Marnier
250 g Konditorcreme (Seite 273)
2 TL Erdnussöl für die Form

Zum Garnieren (wahlweise):
20 kandierte Veilchenblüten
150 g gelbe Zuckerperlen

Den Backofen auf 180 °C (Gas Stufe 4) vorheizen. Für den Brandteig Milch, 1/8 Liter Wasser, Butter, Salz und Zucker in einen Topf geben und erwärmen. Einmal kurz aufkochen lassen und den Topf vom Herd nehmen. Das Mehl hineinsieben und mit einem Holzlöffel glatt rühren. Den Topf zurück auf den Herd setzen und bei mittlerer Temperatur 1 Minute rühren, bis der Teig etwas trockener ist, dann in eine Schüssel geben. Nach und nach die Eier einzeln zugeben und mit einem Holzlöffel jeweils gut unterarbeiten. Der Teig sollte nun glatt und glänzend sein und schwerreißend vom Löffel fallen. Der Teig ist nun fertig zur Weiterverarbeitung.

Den Brandteig in einen Spritzbeutel mit 5–7 mm breiter glatter Tülle füllen. Kleine 1 cm große Teighäufchen auf ein gefettetes Backblech setzen. Die Teigmenge ist ausreichend für 48 kleine Windbeutel. Die Windbeutel mit dem verquirlten Eigelb bestreichen und 10 Minuten backen, bis die Windbeutel von außen trocken und knusprig, von innen aber noch weich sind. Falls nötig, den Backofen ausstellen und die Windbeutel 10 Minuten darin trocknen lassen. Auf einem Kuchengitter vollständig auskühlen lassen und mit einem Messer ein kleines Loch in die Unterseite der Windbeutel schneiden.

Für die Karamellfüllung den Zucker in 80 Milliliter Wasser bei mittlerer Hitze auflösen, dann aufkochen lassen und den Schaum abschöpfen. Die Glukose zufügen und die Zutaten auf 180 °C erhitzen. Mit einem feuchten Pinsel mögliche Zuckerkristalle herunterstreichen, die sich am Topfrand absetzen. Den Topf vom Herd nehmen. Die Oberseite der Windbeutel in den Karamell tauchen. Windbeutel auf ein Backblech setzen und abkühlen lassen.

Ein eindrucksvolles Dessert für besondere Anlässe. Ihre Gäste werden Ihr außergewöhnliches Können bewundern – Sie brauchen nur etwas Mut.

In einer Schüssel die Crème double steif schlagen und zusammen mit dem Grand Marnier unter die Konditorcreme heben. Mischung in einen Spritzbeutel mit 3–5 mm breiter glatter Tülle füllen und in die Windbeutel spritzen.

Den restlichen Karamell bei geringer Hitze erwärmen. Das Innere eines festen kegelförmigen Metallsiebs oder Spitzsiebs (ca. 18 cm Ø und 18 cm in der Höhe) mit Öl einpinseln. Einen Windbeutel mit der Karamellglasur nach unten auf den Boden des Siebs setzen. Einen weiteren Windbeutel vorsichtig auf ein Messer spießen und ein Fünftel einer Seite in den warmen Karamell tauchen (gerade genug für einen kleinen Tupfer Karamell). Den Windbeutel an einer Seite an den ersten Windbeutel kleben. Der abgekühlte Karamell haftet nun an der Innenseite des Siebs. Durch den warmen Karamell bleibt der Windbeutel am ersten Windbeutel haften. Mit den restlichen Windbeuteln ebenso verfahren und alle Windbeutel zu einem großen Kegel schichten. Darauf achten, dass die Oberseite beim Schichten stets bündig abschließt.

Den Karamell vollständig abkühlen lassen. Nun die Pyramide im Sieb leicht schütteln, damit nichts kleben bleibt. Das Sieb auf eine Tortenplatte stürzen und vorsichtig abheben. Die Veilchenblüten leicht in den Karamell tauchen und sofort auf der Pyramide verteilen. Die Zuckerperlen um die Pyramide herum verteilen. Das Dessert servieren.

Kataifi

Ergibt 15 Portionen

Der großartige Meister-Konditor Andonis zeigte mir, wie man dieses süße, würzige, nussige griechische Gebäck zubereitet. Die Röllchen halten sich in einem luftdichten Behälter 3–4 Tage. Den Teig können Sie im griechischen Lebensmittelladen kaufen.

200 g Butter, zerlassen (vorzugsweise geklärte Butter, Seite 283)
500 g Kataifi-Teig (fertig gekauft)

Für den Sirup:
600 g Zucker
100 g flüssige Glukose
1 Zimtstange, in Stücke gebrochen
Saft von 1 Zitrone

Für die Füllung:
125 g Walnüsse, grob gehackt
125 g ungesalzene Pistazien, geschält und grob gehackt
1 TL gemahlener Zimt
50 g Zuckergebäck, zerkrümelt
1 großzügige Prise gemahlene Gewürznelke

Für den Sirup 400 Milliliter Wasser in einen Topf gießen, Zucker, Glukose, Zimt und Zitronensaft zufügen und bei mittlerer Temperatur auflösen. Aufkochen und bei geringer Hitze 10 Minuten leicht weiterköcheln. Abkühlen lassen und den nur noch warmen Sirup durch ein Sieb in eine Schüssel geben.

Eine Ringform (22 cm Ø und 4 cm Höhe) großzügig mit etwas Butter einpinseln. Für die Füllung alle Zutaten in eine Schüssel geben und so viel warmen Sirup zugießen, dass sich die Mischung gerade verbindet – sie sollte fest und kompakt sein.

Auf einer sauberen Arbeitsfläche den Kataifi-Teig leicht auseinanderziehen, damit die Teigfäden nicht zu dicht liegen. Etwa 35 Gramm vom Teig abnehmen und in eine T-Form bringen (10 cm in der Höhe, mit einem Balken von 8 cm Breite). Nun 20 Gramm von der Füllung in die Mitte des Querbalkens legen, die Seiten darüberfalten und alles fest zusammenrollen, dabei die harten Teigfäden nicht zerdrücken. Der Teig sollte nun die Füllung vollständig umschließen. In die vorbereitete Form setzen.

Mit dem restlichen Teig ebenso verfahren und ca. 15 Kataifi-Teigrollen herstellen. Diese dicht nebeneinander in die Form setzen, dabei die Füllung nicht zu sehr zusammendrücken. Mit der restlichen Butter großzügig einpinseln. Mit einem Messer die einzelnen Kataifirollen voneinander trennen. 1 Stunde ruhen lassen. Den Backofen auf 180 °C (Gas Stufe 4) vorheizen.

Die Röllchen 30 Minuten backen. In der Zwischenzeit den restlichen Sirup erwärmen. Sobald die Kataifi aus dem Backofen kommen, sofort mit drei Viertel des Sirups beträufeln. 30 Minuten stehen lassen, dann den restlichen Sirup über den Röllchen verteilen.

Mit einem sauberen Küchentuch abdecken und 4–5 Stunden ruhen lassen. Die Backform abnehmen und die Röllchen voneinander trennen. Mit Kaffee servieren.

Abgesehen von der Mousse-Torte sind alle Rezepte mühelos zuzubereiten und können zu vielen Gelegenheiten serviert werden. Sie runden jede Mahlzeit ab, egal, ob Brunch, Mittagessen, Teestunde, Picknick oder Abendessen, und passen auch sonst immer und überall. Die Schokoladen-Mousse-Torte mit Kirschen ist samtig weich und köstlich; sie sollte unbedingt gut gekühlt serviert werden.

Probieren Sie beide Käsekuchen-Varianten: Sie sind weich und opulent im Geschmack, dabei erstaunlich leicht. Auf jeden Fall empfehle ich Ihnen mein Gewürzkuchen-Rezept. Und noch ein kleiner kulinarischer Tipp aus meiner Kindheit: Bestreichen Sie den Gewürzkuchen mit Butter, geben Sie grob geraspelte dunkle Schokolade darüber und dann beißen Sie hinein!

Kuchen & Torten

Zitronenkuchen

Ergibt 2 Kuchen mit jeweils 6 Portionen

50 g Butter, zerlassen und abgekühlt, zzgl. Butter für die Form
3 kleine Eier, Zimmertemperatur
175 g Zucker
Schale von 2 unbehandelten Zitronen, fein gerieben
1 Prise Salz
75 g Crème double
140 g Mehl zzgl. Mehl für die Form
1 TL Backpulver
50 ml dunkler Rum
80 g Aprikosenmarmelade, durch ein Sieb gestrichen

Für den Guss:
80 g Puderzucker
Saft von 1 Zitrone

Den Backofen auf 190 °C (Gas Stufe 5) vorheizen und zwei Kastenformen (12,5 x 5 cm und 5 cm Höhe) mit Butter einpinseln sowie mit Mehl bestäuben.

Eier, Zucker, Zitronenschalenabrieb und Salz in einer Schüssel schaumig rühren. Crème double zugeben und gründlich unterrühren.

Mehl mit Backpulver mischen, in den Teig sieben und 30 Sekunden unterrühren. Den Rum locker untermischen, sodass sich die Zutaten gerade verbinden, dabei 2 Teelöffel Rum zurückbehalten.

Der wunderbar köstliche Kuchen ist ein ideales Dessert – entweder pur oder mit Früchten der Saison – oder ein kleiner Genuss für zwischendurch, serviert mit Tee oder Kaffee. In einem luftdichten Behälter kühl aufbewahrt hält er sich 3–4 Tage. Sie können ihn aber auch einfrieren.

Nun die abgekühlte zerlassene Butter zufügen und alle Zutaten zu einem glatten Teig verarbeiten.

Den Teig auf die vorbereiteten Kastenformen verteilen und im Backofen 5 Minuten backen. Dann weitere 25 Minuten bei 180 °C (Gas Stufe 4) backen, bis der Kuchen schön goldgelb ist.

weiter auf der nächsten Seite

Die Aprikosenmarmelade in einem kleinen Topf sprudelnd aufkochen, dann den Topf vom Herd nehmen. Beide Kuchen von allen Seiten großzügig mit Marmelade bestreichen und auf dem Kuchengitter 5 Minuten ruhen lassen.

Den Puderzucker und den Zitronensaft in einer Schüssel zu einem glatten Guss verrühren und die Oberseiten der beiden Kuchen damit bestreichen. Ein Stück Backpapier unter das Gitter legen, um überschüssigen Guss aufzufangen.

Die Kuchen 20 Sekunden in den Backofen schieben, damit der Zitronenguss kurz glasieren kann. Vollständig abkühlen lassen. In dünne Scheiben schneiden und servieren.

Bretonische Törtchen

Ergibt 6 Portionen

Diese kleinen Törtchen schmecken einfach himmlisch mit Rhabarber-Kompott, Vanille-Eiscreme (Seite 126) oder selbst gemachter Marmelade.

180 g weiche, gesalzene Butter
zzgl. Butter für die Form
4 Eigelb
140 g Zucker
1 Prise Salz
2 TL flüssiger Honig
1 EL dunkler Rum
225 g Mehl
verquirltes Eigelb (1 Eigelb und 2 TL Milch)

Den Backofen auf 170 °C (Gas Stufe 3) vorheizen. Sechs Metallringe (8 cm Ø und 1,5 cm Höhe) mit Butter einpinseln und auf ein mit Backpapier ausgelegtes Backblech setzen.

Eigelbe, Zucker und Salz in einer großen Schüssel schaumig rühren.

In einer zweiten Schüssel die gesalzene Butter cremig schlagen, dann Honig und Rum einrühren. Zur Eigelb-Mischung geben und alles zu einem glatten Teig verarbeiten. Zum Schluss das Mehl nach und nach untermischen.

Den Teig gleichmäßig auf die Metallringe verteilen und die Oberseite jeweils glatt verstreichen. Die Oberseite der Kuchen mit verquirltem Eigelb bestreichen, dann mit dem Gabelrücken ein Gittermuster einritzen (siehe Abbildung). Im Backofen 18 Minuten backen.

Sofort nach dem Backen die Metallringe abnehmen und die Törtchen auf einem Kuchengitter kurz auskühlen lassen. Noch warm servieren.

Sie können auch einen großen Kuchen in einer 18–20 cm langen Kastenform backen. Dann müssen Sie die Backzeit auf 35 Minuten erhöhen.

Kandierter Früchtekuchen

Ergibt 10–12 Scheiben

Dieser leckere Kuchen lässt sich gut einfrieren. Guss und kandierte Früchte zum Garnieren sollten Sie erst nach dem Auftauen auf den Kuchen geben. Dazu den Kuchen 12 Stunden in den Kühlschrank setzen und dann weitere 12 Stunden bei Zimmertemperatur stehen lassen.

100 g Rosinen
50 ml dunkler Rum zzgl. 50 ml zum Beträufeln
125 g weiche Butter zzgl. Butter für die Form
125 g Puderzucker, gesiebt
2 Eier, Zimmertemperatur, zzgl. 1 Eigelb
1 große Vanilleschote, längs aufgeschlitzt
190 g Mehl
1 TL Backpulver
100 g kandierte Kirschen (möglichst Bigarreau)
100 g gemischte kandierte Früchte
75 g Aprikosenguss oder Aprikosenmarmelade, erwärmt und durch ein Sieb gestrichen
50 g gemischte kandierte Früchte zum Garnieren

Die Rosinen 15 Minuten im Rum einweichen. Butter und Puderzucker in einer großen Schüssel 1 Minute schlagen. Die Eier einzeln nach und nach einrühren, dann das Eigelb untermischen. Das Mark aus der Vanilleschote herauskratzen und in den Teig rühren. Vier Fünftel des Mehls mit dem Backpulver mischen und in den Teig sieben. Vorsichtig unterheben.

Die Rosinen, die kandierten Kirschen und die übrigen kandierten Früchte im restlichen Mehl wenden und locker unter den Teig mischen. Den Teig abdecken und 10 Minuten kühl stellen.

Den Backofen auf 180 °C (Gas Stufe 6) vorheizen. Eine Kastenform (20 x 8 cm und 7 cm Höhe) mit Butter einpinseln und mit Backpapier auslegen. Das Backpapier sollte dabei 2–3 cm am Rand überstehen. Den Teig in die Form füllen, glatt verstreichen und 5 Minuten backen. Dann bei 180 °C (Gas Stufe 4) weitere 30–40 Minuten backen. Die Garprobe machen: Einen Metallspieß in die Mitte stecken. Beim Herausziehen sollte nichts daran kleben bleiben.

Den Kuchen aus dem Backofen nehmen und die Oberseite mit Rum beträufeln. In der Form 10–15 Minuten ruhen lassen. Anschließend aus der Form nehmen und auf einem Kuchengitter auskühlen lassen. Mit einer Schere das überstehende Backpapier dekorativ zurechtschneiden (siehe Seite 239). Die Oberseite des Kuchens mit etwas warmem Aprikosenguss bestreichen und mit den kandierten Früchten garnieren. Mindestens 12 Stunden stehen lassen und vor dem Servieren in dünne Scheiben schneiden.

Abbildung auf der Vorderseite

pain d'épices

Ergibt 15–18 Scheiben

Dieser herrliche Gewürzkuchen – ähnlich dem Honigkuchen – kann wunderbar mit pochierten Birnen- oder Pfirsichscheiben als Dessert serviert werden. Dazu die Früchte im Zuckersirup (Seite 275) mit Sternanisen und Gewürznelken pochieren und vor dem Schneiden kurz abkühlen lassen.

35 g Butter, fein gewürfelt, zzgl. Butter für die Form
310 g Mehl zzgl. Mehl für die Form
625 g flüssiger Honig
1 großes Ei
60 ml Milch
½ TL gemahlener Zimt
½ TL gemahlener Ingwer
¼ TL Muskatnuss, frisch gerieben
¼ TL gemahlene Gewürznelken
1 Prise gemahlener Kardamom
2 TL Natron
½ TL feines Salz
50 g kandierte Orangenschale (Seite 258 oder fertig gekauft), sehr fein gewürfelt

Den Backofen auf 160 °C (Gas Stufe 3) vorheizen. Eine Terrinenform (möglichst aus Gusseisen, 30 x 10 cm und 8 cm Höhe) mit Butter einpinseln und mit Mehl bestäuben.

Den Honig zusammen mit der Butter in einer feuerfesten Schüssel über einem Topf mit heißem Wasser bei mittlerer Hitze erwärmen, bis die Mischung eine Temperatur von 30 °C erreicht hat. Die Schüssel vom Topf nehmen und Ei und Milch locker untermischen. Mehl, Gewürze, Natron und Salz über die Mischung sieben und mit einem Teigspatel alles zu einem glatten Teig verrühren. Zum Schluss die kandierte Orangenschale zufügen.

Den Teig in die vorbereitete Form füllen und sofort in den Backofen schieben. 60–70 Minuten backen. Die Garprobe machen: Einen Metallspieß in die Teigmitte stecken. Beim Herausziehen sollte nichts daran kleben bleiben. Den Kuchen etwa 1 Minute in der Form ruhen lassen, dann auf ein Kuchengitter stürzen und vollständig auskühlen lassen.

Der Kastenkuchen kann einige Stunden nach dem Backen serviert werden. Eingewickelt in Frischhaltefolie hält er sich bis zu 2 Wochen im Kühlschrank. Vor dem Servieren in Scheiben schneiden und möglichst mit gesalzener Butter servieren.

HINWEIS In Frankreich wird eine fertige Gewürzkuchen-Mischung angeboten. Diese besteht aus denselben Gewürzen, die ich für diesen Kuchen verwendet habe. Allerdings kann die Zusammensetzung etwas variieren. Falls erhältlich, verwenden Sie für den Gewürzkuchen 6 Gramm Gewürzmischung.

Pekannuss-Brownies

Ergibt 16 Stück

Alle lieben Brownies. Sie sind schnell gemacht und halten sich in einem luftdichten Behälter einige Tage an einem kühlen Ort. Ich serviere sie gern mit Crème Anglaise (Seite 56) oder Crème fraîche.

200 g Butter, fein gewürfelt, zzgl. Butter für die Form
200 g dunkle Schokolade von guter Qualität mit 70 % Kakaoanteil (vorzugsweise Valrhona), fein gewürfelt
4 Eier
220 g heller brauner Zucker
120 g Mehl
220 g Pekannüsse, grob gehackt

Eine Backform (24 x 34 cm und 6 cm Höhe) mit Butter einpinseln und mit Backpapier auslegen, dabei sollte das Papier am Rand der Form überstehen (damit kein Teig aus der Form läuft). Den Backofen auf 190 °C (Gas Stufe 5) vorheizen.

Die Butter und die Schokolade in einer feuerfesten Schüssel über einem Topf mit leicht köchelndem Wasser schmelzen lassen und glatt rühren. Die Schüssel vom Topf nehmen und zum Abkühlen beiseitestellen.

Im Mixer die Eier 2 Minuten schaumig schlagen, den Zucker einrieseln lassen und etwa 6 Minuten zu einer schaumigen Masse rühren. Nun mit einem Teigspatel locker unter die geschmolzene Schokolade mischen. Mehl und Nüsse gleichmäßig einrieseln lassen und kurz unterarbeiten, damit sich die Zutaten gerade so verbinden.

Den Teig in die vorbereitete Form füllen und sofort in den Backofen schieben. 20–25 Minuten backen, dabei nach 10 Minuten die Backofentemperatur auf 180 °C (Gas Stufe 4) reduzieren. Die Garprobe machen: Einen Metallspieß in die Teigmitte stecken, beim Herausziehen sollte nichts daran kleben bleiben. Den Kuchen aus dem Backofen nehmen und in der Form auskühlen lassen.

Mithilfe des Backpapiers die abgekühlten Brownies aus der Form heben. In Quadrate oder kleine Stücke schneiden, diese kunstvoll aufschichten und servieren.

Abbildung auf der Vorderseite

Schwedischer Käsekuchen

Ergibt 6–9 Portionen

Bittermandeln geben diesem Käsekuchen ohne Boden seinen herrlichen Geschmack. Dieses viel gelobte Rezept namens *Ostkaka* stammt aus Småland in Schweden und ich lernte es durch meine schwedischen Freunde, die Familie Magnusson, kennen.

3,3 l Milch
120 g Mehl
2 TL flüssiges Lab (z. B. im Reformhaus erhältlich)
Butter für die Form
2 Eier
110 g Zucker
6 Bittermandeln, mittelgrob gerieben
200 g Crème double
20 g Puderzucker zum Bestäuben
240 g Erdbeeren oder Himbeeren zum Garnieren

In einem großen Topf 3 Liter Milch auf 37 °C erhitzen. Inzwischen die restlichen 330 Milliliter Milch in einer Schüssel mit dem Mehl und dem Lab verrühren. Sobald die Milch auf 37 °C erhitzt ist, die Mehl-Lab-Mischung zufügen. Die Masse in eine Schüssel füllen und 40 Minuten andicken lassen.

Mit einem Messer einige tiefe Schnitte in die angedickte Milch-Masse ritzen und die Masse mit einem Holzlöffel leicht umrühren. Ein großes Sieb (ausreichend für die Milchmenge) mit einem Stück Musselin auslegen, das an den Rändern großzügig überhängt, und das Sieb auf eine tiefe Schüssel setzen. Die angedickte Milch-Masse vorsichtig hineingießen. Nach 5 Minuten das Stück Musselin mit der Masse hochheben und in den Kühlschrank setzen. Dort 1 Stunde abtropfen lassen, bis etwa 1,9 Liter Flüssigkeit abgelaufen sind.

Den Backofen auf 170 °C (Gas Stufe 3) vorheizen. Eine flache Auflaufform (20 x 26 cm) mit Butter einfetten. Eier und Zucker schaumig rühren, dann die gemahlenen Mandeln unterarbeiten. Die abgetropfte Milch-Masse aus dem Sieb in eine große Schüssel geben und zuerst die schaumig geschlagenen Eier mit den Mandeln, dann die Crème double untermischen.

Den Teig in die vorbereitete Form füllen und 55 Minuten backen. Die Garprobe machen: Einen Metallspieß in die Teigmitte stecken. Der Käsekuchen ist gar, wenn beim Herausziehen nichts am Spieß kleben bleibt. Vollständig auskühlen lassen.

Den Käsekuchen mit Puderzucker bestäuben und mit den Erdbeeren oder Himbeeren servieren.

New Yorker Käsekuchen

Ergibt 8–10 Portionen

Dieser Käsekuchen ist wirklich auf der ganzen Welt bekannt, obgleich es zahllose Variationen gibt. Nachdem ich sehr viele probiert habe, freue ich mich, Ihnen diese umwerfend gute Variante präsentieren zu können!

Für den Boden:
65 g Butter, geschmolzen, zzgl. 20 g Butter für die Form
250 g Butterkekse

Für die Füllung:
1 kg Frischkäse, weich gerührt
2 EL Milch
350 g Zucker
35 g Mehl
Schale von 1 unbehandelten Orange, fein gerieben
Schale von 1 unbehandelten Zitrone, fein gerieben
5 Eier zzgl. 2 Eigelb
1 Vanilleschote, längs aufgeschlitzt

Den Backofen auf 180 °C (Gas Stufe 4) vorheizen. Eine Springform (22–24 cm Ø und 5–6 cm Höhe) leicht einfetten und auf ein Backblech setzen. Die Kekse in der Küchenmaschine zu feinen Krümeln mahlen und in einer Schüssel mit der geschmolzenen Butter zu einem Teig verkneten. Die Keks-Mischung gleichmäßig in der Backform verteilen und fest andrücken. Den Teigboden im Backofen 12 Minuten backen, bis er fest ist. Aus dem Backofen nehmen und zum Auskühlen auf dem Backblech ruhen lassen.

Die Backofentemperatur auf 220 °C (Gas Stufe 7) erhöhen. Mit einem Mixer Frischkäse, Milch, Zucker, Mehl und den Zitrusschalenabrieb zu einem glatten und leicht cremigen Teig verrühren. Auf niedriger Stufe zuerst die Eier nach und nach einzeln unterrühren, dann die Eigelbe. Zum Schluss das Mark aus der Vanilleschote herauskratzen und zum Teig geben. Zwischendurch immer wieder Teigreste vom Schüsselrand zurück in den Teig kratzen, damit die Füllung schön gleichmäßig wird.

Die Füllung auf dem Keksboden in der Backform verstreichen und im Backofen 12 Minuten backen. Dann 1 weitere Stunde bei 100 °C (Gas Stufe ¼) backen. Den Backofen ausstellen und den Käsekuchen 1 Stunde im Backofen leicht abkühlen lassen, dabei die Backofentür einen Spalt breit öffnen. So bekommt die Oberfläche keine Risse. Den Käsekuchen in der Form auf einem Kuchengitter vollständig abkühlen lassen. Vor dem Servieren für mindestens 6 Stunden in den Kühlschrank setzen.

Kurz vor dem Servieren die Form entfernen und den Kuchen mit einem scharfen Messer in Stücke schneiden. Der Kuchen lässt sich besser schneiden, wenn das Messer zwischendurch in heißes Wasser getaucht wird.

Schokoladen-Mousse-Torte mit Kirschen

Ergibt 8–10 Portionen

20 cm Schokoladen-Biskuitboden (Seite 163)

Für das Kirsch-Kompott:
400 g perfekt reife Sauerkirschen, entsteint
150 g Zucker
Schale von 1 unbehandelten Orange, fein gerieben
2 Gewürznelken

Für die Schokoladen-Mousse:
200 g dunkle Schokolade von guter Qualität mit 70 % Kakaoanteil (möglichst Valrhona), gehackt
200 g heiße Crème Anglaise (Seite 56)
200 g Crème double

Zum Garnieren:
Schokoladenraspel (siehe unten)

Für das Kirsch-Kompott die Kirschen in einen Topf geben und so viel Wasser hinzugießen, dass sie gerade bedeckt sind. Zucker, Orangenschale und Gewürznelken zufügen und je nach Größe und Reifegrad der Kirschen bei geringer Hitze 20–30 Minuten weich kochen. Den Topf vom Herd nehmen und die Kirschen im Sirup abkühlen lassen.

Für die Schokoladen-Mousse die Schokolade in eine Schüssel geben und mit einem Holzlöffel die heiße Crème Anglaise einrühren (dabei sollte die Crème etwa 75–85 °C heiß sein). Nun die Masse mit einem Schneebesen zu einer glatten, warmen Creme verrühren. Die Crème double in einer zweiten Schüssel steif schlagen und locker unter die Creme ziehen.

Die Kirschen gut abtropfen lassen, dabei den Sirup auffangen. Gewürznelken und Orangenschale entfernen. Ein Drittel des Sirups in einen kleinen Topf gießen, aufkochen und sprudelnd dicklich einkochen lassen. Anschließend mit einem Drittel der Kirschen mischen. Das Kirsch-Kompott beiseitestellen.

Den Biskuitboden vorsichtig in zwei Böden schneiden. Mit einem Pinsel die Schnittflächen mit dem restlichen Kirsch-Sirup bestreichen. Zum Zusammenfügen einen 22 cm breiten Tortenring auf eine flache Tortenplatte setzen. Die obere Hälfte des Biskuitbodens mit der Schnittfläche nach oben in den Ring legen. Mit einem Löffel und einer Streichplatte die Schokoladen-Mousse 1,5 cm dick auf dem Boden verstreichen. Den Rand zwischen Tortenring und Biskuit mit Mousse auffüllen. Die restlichen abgetropften Kirschen auf der Mousse verteilen und leicht andrücken. Nun den zweiten Biskuitboden mit der Schnittfläche nach

Abbildung auf der Vorderseite

Der Aufwand für dieses sensationelle Dessert lohnt sich. Es kann bereits 1–2 Tage vorher zubereitet werden. Die frischen Kirschen können durch Kirschen aus dem Glas von guter Qualität ersetzt werden.

unten auflegen. Mit den Fingerspitzen ein wenig andrücken und dann mit einer dünnen Schicht Mousse bestreichen. Mit einer Streichpalette glatt verstreichen und den Kuchen vor dem Servieren mindestens 4 Stunden kühl stellen.

Den Tortenring mit einem Gasbrenner oder einem heißen Geschirrtuch kurz von außen erwärmen und dann mit einer kleinen Drehbewegung hochheben. Den Rand mit Schokoladenraspeln garnieren und die Oberseite großzügig mit den restlichen Raspeln bestreuen.

Die Torte mit einem sehr scharfen Messer in Stücke schneiden, dabei die Messerklinge zwischendurch in heißes Wasser tauchen.

Die Tortenstücke zusammen mit jeweils einem Löffel Kirsch-Kompott auf Tellern anrichten und sehr kalt servieren. Eventuell Sahne dazu reichen.

Schokoladenraspeln Mit dem Gemüseschäler von einer Tafel Schokolade von guter Qualität kleine Locken abschneiden. Für größere Locken dunkle Kuvertüre schmelzen lassen und gleichmäßig auf eine Marmorplatte streichen. Die Schokolade wieder fest werden lassen, dann mit einem Messer mit langer Klinge Locken abschaben. Sie können auch einen Schaber verwenden, den Sie im 45-Grad-Winkel halten.

Diese winzigen, verführerischen und eleganten Köstlichkeiten werden als Abschluss eines Essens zum Kaffee gereicht. Einmal abgesehen von den größeren Mandel-Tuiles, können die Gebäckstücke in einem Bissen verspeist werden. Die meisten Gebäcksorten halten sich in einem luftdichten Behälter einige Tage und so bleibt es nicht beim einmaligen Genuss. Pralinen sind – wen wundert's – allzeit beliebt, nicht zuletzt wegen ihres dekadenten Trüffelüberzugs, und ich liebe wirklich alle in diesem Kapitel vorgestellten Leckereien. Ich empfehle Ihnen, zum Kaffee nach dem Essen lediglich ein oder zwei Gebäcksorten anzubieten. So können Ihre Gäste die exquisite Qualität jeder Sorte voll genießen.

Pralinen & Gebäck

Schokoladen-Trüffel

Ergibt 80 Stück

Die Menge kann halbiert werden, aber da Trüffel sich gut einfrieren lassen und ein perfektes Geschenk abgeben, empfehle ich Ihnen, gleich die ganze Menge zuzubereiten.

750 g dunkle Schokolade von guter Qualität mit 70% Kakaoanteil (möglichst Valrhona), grob gehackt
150 g Crème double
225 g Butter, Zimmertemperatur
35 ml Weinbrand
ca. 500 g Kakaopulver von guter Qualität

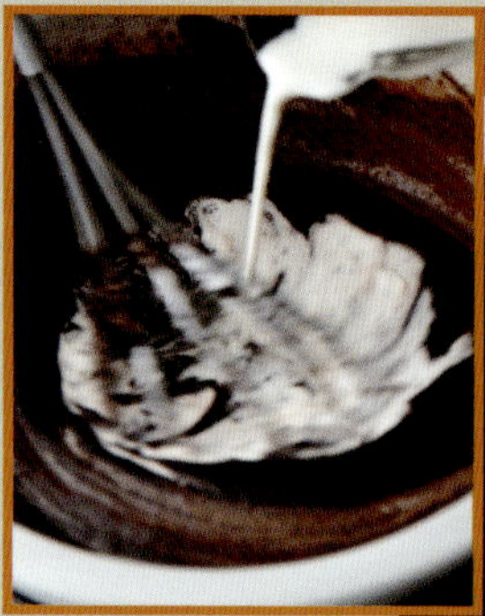

450 Gramm Schokolade in eine feuerfeste Schüssel über einen Topf geben, der zu einem Drittel mit heißem Wasser gefüllt ist. Darauf achten, dass der Schüsselboden nicht das Wasser berührt. Bei geringer Hitze (das Wasser sollte nicht wärmer als 50–60 °C sein) die Schokolade schmelzen lassen, dann die Schüssel vom Topf nehmen.

Die Crème double in einem kleinen Topf aufkochen lassen, vom Herd nehmen, auf 40 °C abkühlen lassen und mit der Schokolade glatt rühren.

Butter in Stücke schneiden und locker unterrühren. Den Weinbrand mit einem Schneebesen gründlich untermischen. 1 Stunde abkühlen lassen, damit die Schokoladenmasse ein wenig fest wird.

Die Masse in einen Spritzbeutel mit 1–1,5 cm breiter glatter Tülle füllen und kleine Häufchen von 2 cm Ø auf mit Backpapier ausgelegte Backbleche spritzen. Für 2 Stunden kühl stellen.

Die Häufchen in der Handinnenfläche zu kleinen Kugeln formen. Bis zur weiteren Verarbeitung kalt stellen.

Die restlichen 300 Gramm Schokolade (wie oben) schmelzen lassen. Ein Backblech mit Kakaopulver bestreuen. Mit einem Holzspieß die Trüffel nacheinander 1–2 Sekunden vollständig in die geschmolzene Schokolade tauchen, sofort herausheben und auf einer Gabel im Kakaopulver wenden, bis sie vollständig mit Kakao bedeckt sind.

Die Trüffel mit Kakao-Überzug auf ein feinmaschiges Kuchengitter legen und an einem nicht zu feuchten Ort ruhen lassen. Entweder zum Kaffee servieren oder zum Einfrieren in Gefrierbehälter packen.

Schokoladen-Mandel-Splitter

Ergibt 36–40 Stück

Wenn Sie mögen, können die Splitter auch mit weißer Kuvertüre zubereitet werden. Beim Formen der Splitter müssen Sie zügig arbeiten, da die Masse schnell wieder fest wird. In dem Fall erwärmen Sie die Mandel-Masse 1 Minute über heißem Wasser.

250 g gehackte Mandeln
50 ml Weinbrand (z. B. Cognac oder Armagnac)
50 g Puderzucker, gesiebt
200 g dunkle Schokolade mit 60–70 % Kakaoanteil (möglichst Valrhona), gehackt
30 ml Kokosbutter oder Haselnussöl, leicht erwärmt

Den Backofen auf 180 °C (Gas Stufe 4) vorheizen. In einer Schüssel die Mandeln mit dem Weinbrand mischen, mit Puderzucker bestäuben und alles gut verrühren. Die gleichmäßig mit Puderzucker überzogenen Mandelsplitter auf einem mit Backpapier ausgelegten Backblech verteilen. Im Backofen in 10–12 Minuten goldgelb rösten, zwischendurch mindestens zweimal wenden. Zum Abkühlen beiseitestellen und mit einer Streichpalette alle 5 Minuten wenden, damit die Mandelstücke nicht verkleben.

Die Schokolade in eine feuerfeste Schüssel über einen Topf füllen, der zu einem Drittel mit heißem Wasser (50–60 °C) gefüllt ist. Darauf achten, dass der Schüsselboden nicht das Wasser berührt. Bei geringer Hitze (das Wasser sollte nicht wärmer als 50–60 °C sein) die Schokolade schmelzen lassen, dann die Schüssel vom Topf nehmen.

In einer zweiten Schüssel ein Drittel der Mandeln mit einem Drittel der erwärmten Kokosbutter oder Haselnussöl mischen, bis die Mandeln schön glänzen. Ein Drittel der geschmolzenen Schokolade über die Mandeln gießen. Beides mischen, bis die Mandeln gleichmäßig von der Schokolade überzogen sind.

Ein esslöffelgroßes Häufchen der Masse auf ein mit Backpapier ausgelegtes Backblech setzen. Mit der restlichen Masse ebenso verfahren. Zügig arbeiten und zwischen den Splittern 2–3 cm Abstand lassen. Noch zweimal die gleiche Menge vermischen und die restlichen Splitter formen. An einem kühlen, nicht zu feuchten Ort 15–20 Minuten fest werden lassen.

Im Kühlschrank in einem luftdichten Behälter zwischen Backpapier lagern. Vor dem Servieren die Splitter in kleine Pralinenförmchen auf einer Schale anrichten.

Kandierte Grapefruit- oder Orangenschale

Ergibt 20–24 Streifen

Die kandierten Schalen schmecken mit oder ohne Schokoladenüberzug. Für den Schokoladenüberzug die Schalen mit einer Gabel nacheinander kurz in die geschmolzene Schokolade tauchen. Ich verwende die in feine Streifen geschnittene Schale auch gern in Desserts oder Kuchen (Seiten 65 und 241).

3 Grapefruit oder 6 Orangen
600 g Zucker
75 g Kristallzucker zum Bestreuen

Mit einem scharfen Messer eine dicke Scheibe vom unteren Ende jeder Frucht abschneiden. Am oberen Ende der Grapefruit beginnend die Schale und die weiße Innenhaut in sieben einzelne, etwa 3 cm breite Streifen schälen oder in fünf einzelne Streifen bei der Orange. Jeden Streifen der Länge nach in 1 cm breite Abschnitte schneiden.

Die Schalenstreifen in einem Topf mit ausreichend kaltem Wasser bedecken und aufkochen lassen. Abtropfen lassen und in kaltem Wasser abkühlen, dann erneut abtropfen lassen. Diesen Vorgang viermal wiederholen.

Den Zucker in 450 Milliliter Wasser in einem zweiten Topf bei geringer Hitze auflösen. Langsam aufkochen lassen und, falls nötig, die Oberfläche abschöpfen. Die blanchierten Schalenstreifen in den Sirup geben und bei sehr geringer Hitze die Orangenschalen 2 Stunden, die Grapefruitschalen 3 Stunden köcheln lassen.

Die Schalenstreifen im Sirup auskühlen lassen, bis sie nur noch warm sind, dann abtropfen lassen und auf einem Kuchengitter vollständig auskühlen lassen. Im Kristallzucker wenden.

Im Kühlschrank halten sich die Streifen in einem luftdichten Behälter etwa eine Woche. Pergament- oder Zellophanpapier zwischen die Streifen legen, so können sie nicht verkleben.

Die kandierten Schalen können mit oder ohne Fruchtgelee aus schwarzen Johannisbeeren (rechts), mit einem Glas Cognac oder nur mit Kaffee serviert werden.

Fruchtgelee aus schwarzen Johannisbeeren

Ergibt 25–30 Stück

Diese sehr intensiv schmeckenden kleinen Geleequadrate halten sich gut 1 Woche, wenn sie kühl und trocken aufbewahrt werden.

200 g frisches ungezuckertes Fruchtpüree aus schwarzen Johannisbeeren, oder tiefgekühlt (Boiron ist eine gute Marke) und aufgetaut
210 g Zucker
15 g gelbes Pektin
1–2 TL Zitronensaft
60 Kristallzucker zum Bestreuen

Das Fruchtpüree aus schwarzen Johannisbeeren in einen Topf geben und bei mittlerer Temperatur 2 Minuten kochen lassen. Nun 90 Gramm Zucker mit dem Pektin mischen und zum Püree geben. Noch 1 Minute kochen lassen. Nun die restlichen 120 Gramm Zucker zufügen und aufkochen lassen, bis das Kochthermometer 103 °C anzeigt. Den Topf vom Herd nehmen und den Zitronensaft einrühren. Die Mischung 20 Sekunden ruhen lassen.

Eine Marmorplatte oder ein Backblech mit einer Lage Backpapier auslegen. Eine quadratische Form von 15 x 15 cm auf das Backpapier setzen. Die sehr heiße Fruchtmischung einfüllen und 3 Stunden abkühlen lassen.

Sobald die Masse abgekühlt ist, die Form entfernen und das Gelee mit einem scharfen Messer mit langer Klinge (oder einem Schneidedraht) in 3 cm große Würfel schneiden. Die Unter- und Oberseiten der Würfel in den Kristallzucker tauchen, die Seiten aussparen.

Die Fruchtgelee-Würfel entweder mit oder ohne kandierte Zitrusschalen (links) servieren.

Je nach Jahreszeit können Sie die Geleewürfel auch mit Aprikosen oder Erdbeeren zubereiten, wenn die Früchte schön süß und sehr reif sind.

Mandelgebäck

Ergibt 26–30 Stück

½ Eiweiß
150 g Mandelcreme von guter Qualität (möglichst mit 50 % Zucker)
16 blanchierte Mandeln
1 Stängel kandierte Angelika (Engelwurz), in 15 kleine Rauten geschnitten, oder 7–8 kandierte Kirschen, halbiert

Ein großes Backblech mit Backpapier auslegen. In einer Schüssel das Eiweiß unter die Mandelcreme mischen. Dabei zuerst mit den Fingerspitzen, dann kurz mit den Handinnenflächen arbeiten. Die Mandelcreme in einen Spritzbeutel mit 1 cm breiter gezackter Tülle füllen und kleine Tropfen oder Komma-Formen auf das vorbereitete Backblech spritzen.

Die Hälfte des Gebäcks jeweils mit einer ganzen Mandel garnieren, die andere Hälfte mit den Angelika-Rauten oder den halbierten kandierten Kirschen belegen. Die Garnitur leicht andrücken. An einem warmen Ort (25–30 °C) etwa 8 Stunden ruhen lassen, bis sich an der Oberfläche eine dünne Kruste gebildet hat.

Den Backofen auf 180 °C (Gas Stufe 4) vorheizen. Das Gebäck 6–7 Minuten backen. Aus dem Backofen nehmen und dabei etwas kaltes Wasser zwischen Backpapier und Backblech träufeln. Nach 2–3 Minuten das Gebäck auf ein Kuchengitter setzen.

Mit Tee oder Kaffee und eventuell mit anderen Gebäcksorten servieren.

Bestreichen Sie das Gebäck mit einem Zuckersirup-Guss, wenn Sie es aus dem Backofen genommen haben. Dann bekommt es einen schönen Glanz. Das Gebäck hält sich 3 Tage in einer luftdichten Dose.

Madeleines mit Honig und rosa Pfeffer

Ergibt 36–40 Stück

2 große Eier
70 g Zucker
15 g feiner brauner Zucker
1 Prise Salz
90 g Mehl
½ TL Backpulver
90 g Butter, geschmolzen und leicht abgekühlt, zzgl. 30 g Butter, geschmolzen, für die Form
10 g flüssiger Honig
½ TL rosa Pfefferkörner, gefriergetrocknet und zerstoßen

In einer Schüssel die Eier, beide Zuckersorten und das Salz mit einem Holzlöffel zu einer hellen Masse verrühren. Das Mehl mit dem Backpulver in den Teig sieben und 30 Sekunden unterrühren.

Nun 90 Gramm geschmolzene Butter und den Honig zufügen und alle Zutaten zu einem glatten Teig verrühren. Anschließend die zerstoßenen Pfefferkörner unterheben. Den Teig abdecken und 20 Minuten kühl stellen (nicht in den Kühlschrank). Den Backofen auf 220 °C (Gas Stufe 7) vorheizen.

Zwei kleine Madeleine-Bleche (oder Bleche mit ähnlich kleinen Mulden) mit der zerlassenen Butter einpinseln. Den Teig in einen großen Spritzbeutel mit 1 cm breiter glatter Tülle füllen und kleine, gleichmäßige Häufchen in die Mulden spritzen. Insgesamt etwa 36–40 Madeleines formen.

Die Madeleines 4–5 Minuten backen, dann direkt aus dem Backofen nehmen, sonst verlieren sie ihre wunderbar weiche Konsistenz. Die fertigen Madeleines vorsichtig aus der Form nehmen, damit sie nicht brechen, und auf dem Kuchengitter abkühlen lassen. Am besten schmecken die Madeleines, wenn sie noch warm sind.

Diesen himmlischen Mini-Madeleines kann keiner widerstehen. In einem luftdichten Behälter halten sie sich 4–5 Tage, aber am besten schmecken sie frisch aus dem Backofen. Sie können Sie mit den Schwimmenden Inseln (Seite 161) oder der Himbeer-Mousse (Seite 172) servieren.

Katzenzungen mit Schokoladenguss

Ergibt 40 Stück

Ein leckeres, klassisches Gebäck zum Kaffee. Und ebenso lecker zu Fruchtdesserts oder Eiscreme.

125 g weiche Butter
125 g Puderzucker
25 g gemahlene Mandeln
3 Eiweiß
165 g Mehl
1 Vanilleschote, längs aufgeschlitzt (wahlweise)
200 g dunkle Schokolade von guter Qualität mit 70 % Kakaoanteil, gehackt

Die Butter mit 100 Gramm Puderzucker in einer Schüssel mit einem Holzlöffel 1 Minute rühren. Die gemahlenen Mandeln mit den restlichen 25 Gramm Puderzucker unterrühren. Nach und nach die Eiweiße einzeln gründlich unterarbeiten. Zum Schluss Mehl sowie das aus der Vanilleschote herausgekratzte Vanillemark zufügen. Die Schüssel mit Frischhaltefolie abdecken und den Teig mindestens 20 Minuten ruhen lassen.

Den Backofen auf 190 °C (Gas Stufe 5) vorheizen. Den Teig in einen Spritzbeutel mit 1 cm breiter Tülle füllen und in 2 cm Abstand voneinander 6–7 cm lange gleichmäßige Streifen auf ein beschichtetes Backblech (oder auf ein gefettetes und mit Mehl bestäubtes Backblech) spritzen.

Im Backofen 5–6 Minuten backen, bis die Katzenzungen leicht Farbe angenommen haben. Mit einer kleinen Streichpalette das Gebäck auf ein Kuchengitter heben und gut auskühlen lassen.

Die Schokolade in einer feuerfesten Schüssel über einem Topf mit nur leicht köchelndem Wasser schmelzen lassen. Nun die Katzenzungen nur knapp bis zur Hälfte in die geschmolzene Schokolade tauchen, dann mit der flachen Seite nach unten auf ein mit Backpapier ausgelegtes Backblech legen und die Schokolade fest werden lassen.

Bis zum Servieren zwischen Backpapier in einem luftdichten Behälter kühl und trocken aufbewahren.

Abbildung auf der Vorderseite

Feine Himbeer-Mandelbiskuits

Ergibt 26 Stück

Dies ist das wohl meistgelobte Gebäck im Waterside Inn. Die kleinen Mandelbiskuits, in Frankreich als Financiers bekannt, halten sich in einem luftdichten Behälter einige Tage im Kühlschrank, aber noch besser schmecken sie warm, frisch aus dem Backofen ...

40 g Mehl
¼ TL Backpulver
120 g Puderzucker, gesiebt, zzgl. Puderzucker zum Bestäuben
45 g gemahlene Mandeln
1 Prise Vanillezucker, oder 1 sehr kleine Prise gemahlene Vanille
4 Eiweiß, Zimmertemperatur
65 g Butter
52 kleine reife Himbeeren, oder 26 große Himbeeren, halbiert

Mehl und Backpulver in eine Schüssel geben. Puderzucker, gemahlene Mandeln und Vanille zufügen und vermischen. Nun die Eiweiße mit einem Holzlöffel 1 Minute gründlich unterrühren.

Butter in einem kleinen Topf bei mittlerer Temperatur auf 45–50 °C erhitzen, bis sie einer Beurre noisette, einer nuss-braun farbigen Butter gleicht. Die erwärmte Butter sofort unter den Teig mischen. Den Teig 5–10 Minuten ruhen lassen. Den Backofen auf 170 °C (Gas Stufe 3) vorheizen.

Den Teig in einen Spritzbeutel mit 1 cm breiter glatter Tülle füllen. Die rechteckigen Mulden (5 cm Länge, 3 cm Breite und 2 cm Höhe) einer beschichteten Silikonform (oder einer leicht gefetteten Metallform mit ähnlich großen Mulden) zu zwei Drittel mit Teig füllen. Nun jeweils mit zwei Himbeeren oder Himbeerhälften belegen und 10–12 Minuten backen.

Die Mandelbiskuits in der Form 1–2 Minuten ruhen lassen und dann zum Abkühlen auf ein Kuchengitter legen. Mit etwas Puderzucker bestäuben und zum Kaffee oder Tee servieren.

Abbildung auf der Seite 264

Mandel-Tuiles

Ergibt 20–24 Stück

Dieses hauchdünne Gebäck können Sie in beliebigen Größen von 6–10 cm Ø backen. Es ist sehr fein, zerbrechlich, knusprig und äußerst lecker. In einem luftdichten Behälter hält es sich 4–5 Tage, aber am besten schmeckt es frisch aus dem Backofen.

2 ganze Eier, zzgl. 1 Eiweiß
125 g Zucker
20 g Crème double
37,5 g Mehl
½ Vanilleschote, längs aufgeschlitzt
125 g gehobelte Mandeln
40 g Butter für die Form
25 g Puderzucker zum Bestäuben

Eier und Eiweiß mit der Gabel 10 Sekunden in einer Schüssel verquirlen. Zucker zufügen und mit einem Schneebesen unterrühren. Nun die Crème double locker unter den Teig mischen. Das Mehl zugeben und mit dem Schneebesen einrühren. Das Mark aus der Vanilleschote herauskratzen und zum Teig geben. Die Mandeln untermischen. Die Schüssel mit Frischhaltefolie abdecken und den Teig 20 Minuten ruhen lassen.

Den Backofen auf 180 °C (Gas Stufe 4) vorheizen. Die Tuiles auf 3 Portionen aufteilen und nacheinander backen. Ein großes Backblech großzügig mit Butter einpinseln. Den Teig mit einem Holzlöffel umrühren und mit einer Suppenkelle kleine Teighäufchen versetzt aufs Backblech träufeln. Zwischen den Häufchen etwa 8 cm Abstand lassen, damit die Tuiles nicht ineinanderlaufen. Jedes Häufchen mit einer Gabel leicht andrücken. Im Backofen in 10 Minuten goldgelb backen.

Die Tuiles aus dem Backofen nehmen und sofort mit einer Streichpalette in eine Tuiles-Form geben oder über eine Teigrolle legen. Zügig arbeiten, um die Tuiles noch warm in Form zu biegen. Sind einige schon zu fest geworden, diese kurz zurück in den Backofen legen. So werden sie wieder weich und können geformt werden.

Die abgekühlten Tuiles aus der Form oder von der Teigrolle heben und vorsichtig auf ein Kuchengitter legen. Mit den anderen Portionen ebenso verfahren.

Die Tuiles mit Puderzucker bestäubt servieren.

Die Qualität vieler Desserts hängt vom Erfolg ihrer Hauptdarsteller ab: Sahne oder Cremes werden zum Füllen von Kuchen, Crêpes und Blätterteig etc. verwendet. Konditorcreme spielt bei der Zubereitung von Soufflés eine wichtige Rolle, Mürbeteig ist die Grundlage für Pies, Tartes und Tarteletts. Meine eleganten, zarten Löffelbiskuits sind perfekt zum Auskleiden einer Charlotte oder einer Bayrischen Creme und sie passen perfekte zu einer cremigen Mousse oder zu Eiscreme. Sie werden feststellen, dass die drei Saucen, für die ich so berühmt bin, – Schokolade, Orange und Karamell – hervorragend zu vielen meiner Desserts passen.

Grundlagen

Crème Chantilly

Ergibt ca. 600 g

½ l Sahne, gut gekühlt
50 g Puderzucker oder 50 ml Zuckersirup (Seite 275)
1 Vanilleschote, längs aufgeschlitzt

Die Sahne mit dem Puderzucker oder dem Zuckersirup in eine gekühlte Rührschüssel geben. Das Mark aus der Vanilleschote herauskratzen und hinzufügen. Mit dem Mixer auf mittlerer Stufe die Sahne 1–2 Minuten schlagen, dann auf höchster Stufe weitere 3–4 Minuten schlagen, bis die Sahne steif ist. (Sie können die Sahne natürlich auch mit dem Schneebesen schlagen.)

Die Crème Chantilly sollte möglichst frisch verwendet werden, aber sie hält sich abgedeckt bis zu 24 Stunden im Kühlschrank.

Crème Chantilly mit Schokolade Über dem Wasserbad 150 Gramm dunkle Schokolade von guter Qualität schmelzen lassen, dabei nicht über 45 °C erhitzen. Die Schokolade glatt rühren und etwas abkühlen lassen, dann unter die Crème Chantilly ziehen.

Crème Chantilly mit Kaffee 2 Esslöffel Instant-Kaffeepulver in 2 Esslöffeln lauwarmem Zuckersirup (oder ersatzweise 1 Esslöffel flüssiges Kaffee-Extrakt verwenden) auflösen und vor dem Schlagen zur Sahne geben.

Mandelcreme

Ergibt ca. 500 g

125 g Puderzucker
125 g gemahlene Mandeln
125 g Butter, Zimmertemperatur
25 g Mehl, gesiebt
2 große Eier
25 ml Rum (wahlweise)

Den Puderzucker und die gemahlenen Mandeln in eine Schüssel sieben und beiseitestellen. Die Butter cremig schlagen. Unter ständigem Rühren zuerst die Puderzucker-Mandel-Mischung, dann das Mehl zufügen und alle Zutaten zu einem glatten Teig verarbeiten. Nach und nach die Eier einzeln zugeben und jeweils gut unterrühren. Die Creme sollte glatt und schaumig sein. Wahlweise den Rum zugeben.

Die Creme hält sich luftdicht verschlossen in einem Behälter oder in einer mit Frischhaltefolie abgedeckten Schüssel etwa 1 Woche im Kühlschrank. Vor der Weiterverarbeitung 30 Minuten bei Zimmertemperatur stehen lassen.

Konditorcreme

Ergibt ca. 750 g

6 Eigelb
125 g Zucker
40 g Mehl, gesiebt
½ l Milch
1 Vanilleschote, längs aufgeschlitzt
etwas Puderzucker oder Butter

Die Eigelbe mit einem Drittel des Zuckers in einer Schüssel schaumig rühren. Das Mehl sorgfältig unterrühren.

In einem Topf die Milch mit dem restlichen Zucker und der Vanilleschote zum Kochen bringen. Die kochende Milch unter Rühren über die Eigelb-Mischung gießen. Gut verrühren und die Mischung zurück in den Topf füllen. Bei mittlerer Temperatur unter ständigem Rühren aufkochen lassen, dann 2 Minuten sprudelnd kochen lassen und durch ein Sieb streichen. Die Vanilleschote entfernen.

Die Konditorcreme mit einem feinen Schleier aus Puderzucker bestäuben oder mit Butterflöckchen belegen, damit sich beim Abkühlen keine Haut bildet. Die gut abgekühlte Creme hält sich maximal 3 Tage im Kühlschrank.

Schokoladen-Konditorcreme 75 Gramm geschmolzene dunkle Schokolade von guter Qualität vor dem Abkühlen unter die Konditorcreme rühren.

Orangen-Butter-Sauce

Ergibt 6 Portionen

Saft von 6 Orangen, jeweils ca. 250 g
100 g Puderzucker, gesiebt
125 g weiche Butter, gewürfelt

Den Orangensaft durch ein Sieb in einen Topf passieren und den Puderzucker zufügen. Langsam aufkochen lassen und bei mittlerer Temperatur sprudelnd auf die Hälfte reduzieren.

Die Herdplatte ausstellen und die weiche Butter nach und nach einrühren. Die Sauce bei Zimmertemperatur servieren.

Variationen Einige Tropfen Grand Marnier oder Curaçao geben der Sauce zusätzlichen Geschmack.

Schokoladensauce

Ergibt 6 Portionen

200 g Schokolade von guter Qualität
mit 70 % Kakaoanteil (möglichst Valrhona)
175 ml Milch
2 EL Crème double
30 g Zucker
30 g Butter, gewürfelt

Die Schokolade fein hacken und in einer feuerfesten Schüssel über einem Topf mit leicht köchelndem Wasser langsam schmelzen lassen und glatt rühren. Die Schüssel vom Topf nehmen.

Milch, Crème double und Zucker in einem Topf mischen und unter Rühren aufkochen.

Mit dem Schneebesen die kochende Milch-Mischung in die geschmolzene Schokolade rühren, dann die Mischung zurück in den Topf geben und sprudelnd unter ständigem Rühren einige Sekunden aufkochen lassen.

Den Herd ausstellen und die Butterwürfel nach und nach unterrühren, bis eine feine, glatte Sauce entstanden ist. Sofort servieren oder über dem Wasserbad warm halten.

Variationen Ein Schuss Grand Marnier verleiht zusätzlichen Geschmack. Eine kräftige Prise zerstoßener Kardamomsamen gibt der Sauce eine leicht würzige Note.

Karamellsauce

Ergibt 4 Portionen

50 g Zucker
40 g weiche Butter
1 Vanilleschote, längs aufgeschlitzt
200 g Crème double

Zucker und Butter in einem Topf mischen. Das Mark aus der Vanilleschote herauskratzen und in den Topf geben. Bei sehr geringer Hitze mit dem Holzlöffel umrühren, bis sich der Zucker aufgelöst hat. Weiterkochen, bis die Mischung eine schöne Karamellfarbe angenommen hat. Den Topf dann sofort vom Herd nehmen und die Crème double einrühren. Eventuell die Hände mit einem Küchentuch abdecken, da die Creme spritzen kann. Die Sauce sollte sich gut gebunden haben und glatt und glänzend sein. Durch ein Sieb streichen und abkühlen lassen.

Die Sauce gekühlt servieren oder bis zu 3 Tage kühl stellen.

Zuckersirup

Ergibt ca. 750 ml

400 g Zucker
50 g flüssige Glukose

Den Zucker, die Glukose und 350 Milliliter Wasser in einem Topf mischen und bei geringer Hitze langsam aufkochen lassen, dabei ständig mit einem Holzlöffel umrühren, damit sich der Zucker auflöst. 3 Minuten kochen lassen, eventuell den Schaum abschöpfen.

Den Sirup durch ein Sieb in eine Schüssel geben und abkühlen lassen. In einem luftdicht verschlossenen Glas hält sich der Sirup bis zu 2 Wochen im Kühlschrank.

HINWEIS Dieser einfache, leichte Zuckersirup wird u. a. für die Zubereitung von Fruchtsaucen und Sorbets verwendet. Für einen dickflüssigen Zuckersirup, etwa für gehaltvolle Saucen, den Zuckersirup länger kochen lassen und auf zwei Drittel reduzieren.

Mandelbiskuit

Ergibt einen dünnen Biskuitboden von 40 x 60 cm

185 g Puderzucker
185 g gemahlene Mandeln
5 Eier zzgl. 5 Eiweiß
25 g Zucker
40 g Butter, geschmolzen und abgekühlt
50 g Mehl, gesiebt

Den Backofen auf 200 °C (Gas Stufe 6) vorheizen und ein Backblech (40 x 60 cm) mit Backpapier oder einer Silikon-Backmatte auslegen.

Puderzucker und gemahlene Mandeln in eine Schüssel sieben, Eier hinzufügen und alles zu einer schaumigen Masse verrühren. In einer zweiten Schüssel die Eiweiße zu weichen Spitzen schlagen, den Zucker einrieseln lassen und weiterschlagen, bis der Eischnee schön fest ist.

Die gekühlte, geschmolzene Butter behutsam unter die Ei-Mischung rühren, dann das Mehl unterarbeiten. Nun zuerst ein Drittel des Eischnees unter den Teig geben, um ihn aufzulockern, dann den restlichen Eischnee vorsichtig unterheben.

Mit einer Streichpalette den Teig gleichmäßig etwa 5 mm dick auf dem Backblech verstreichen. Sofort 2–3 Minuten backen. Der Boden ist fertig, wenn er auf Druck leicht nachgibt. Den Boden mit Papier (oder Backmatte) auf ein Kuchengitter gleiten und auskühlen lassen.

Aus dem abgekühlten Boden mit einem Metallring Kreise oder andere Formen ausstechen. Diese können als Boden für Mousses oder andere Desserts verwendet werden. Wird nur die halbe Menge benötigt, die andere Hälfte gut einwickeln und einfrieren. Sie kann zu einem späteren Zeitpunkt verarbeitet werden.

Haselnuss-Baiser

Ergibt einen dünnen Baiserboden von 40 x 60 cm

60 g sehr fein gemahlene Mandeln
180 g sehr fein gemahlene Haselnüsse
250 g Puderzucker, gesiebt
110 g Mehl, gesiebt
5 Eiweiß
100 g Zucker

Den Backofen auf 180 °C (Gas Stufe 4) vorheizen und ein Backblech (40 x 60 cm) mit Backpapier oder einer Silikon-Backmatte auslegen.

In einer Schüssel die gemahlenen Mandeln und Haselnüsse mit Puderzucker und Mehl mischen. In einer zweiten, großen Schüssel die Eiweiße zu weichen Spitzen schlagen. Dann den Zucker einrieseln lassen und die Masse zu festem Eischnee schlagen. Die Nuss-Mischung behutsam unter den Eischnee heben, damit er schön luftig bleibt.

Mit einer Streichpalette den Teig gleichmäßig 7 mm dick auf dem Backblech verstreichen. Sofort 12–15 Minuten backen. Der Boden ist fertig, wenn er auf Druck leicht nachgibt. Den Boden mit Papier (oder Backmatte) auf ein Kuchengitter gleiten und auskühlen lassen.

Aus dem abgekühlten Boden mit einem Metallring Kreise oder andere Formen ausstechen. Diese können als Boden für Parfaits, Mousses oder andere Desserts verwendet werden. Wird nur die halbe Menge benötigt, die andere Hälfte gut einwickeln und einfrieren. Sie kann zu einem späteren Zeitpunkt verarbeitet werden.

Briocheteig

Ergibt ca. 1,2 kg Teig

70 ml lauwarme Milch
15 g frische Hefe
500 g Mehl
1 EL feines Salz
6 Eier
350 g weiche Butter zzgl. Butter für die Form
30 g Zucker
verquirltes Eigelb (1 Eigelb mit 1 EL Milch)

Milch in eine Schüssel geben und die Hefe darin auflösen. Mehl, Salz und Eier mit einem Mixer mit Knethaken mischen und die Milch-Hefe-Mischung zugießen. Bei niedriger Stufe den Teig 5 Minuten kneten.

Die Teigreste vom Rand der Schüssel kratzen und den Teig weitere 10 Minuten auf mittlerer Stufe gut durchkneten, bis er glatt und glänzend ist.

In der Zwischenzeit in einer zweiten Schüssel Butter und Zucker mischen. Einige gezuckerte Butterflocken zum Teig geben, nach und nach die übrigen Flocken hinzugeben und auf niedriger Stufen weiterkneten. Wenn die Butter-Zucker-Mischung gründlich untergearbeitet ist, den Teig weitere 6–10 Minuten auf mittlerer Stufe kneten. Er sollte eine schön glatte und glänzende Konsistenz haben und nicht kleben.

Den Teig in der Schüssel belassen, aber die Knethaken entfernen. Mit einem Küchentuch oder mit Frischhaltefolie abdecken und 2 Stunden bei etwa 24 °C gehen lassen, danach sollte er sein Volumen verdoppelt haben.

Den Teig 2- bis 3-mal gründlich mit den Fäusten durchkneten. Die Schüssel nochmals abdecken und den Teig einige Stunden (nicht mehr als 24 Stunden) kühl stellen. Der Teig ist nun fertig zur weiteren Verarbeitung.

Formen einer großen Brioche 600 Gramm Teig in zwei Drittel (400 Gramm) und ein Drittel (200 Gramm) aufteilen. Das größere Teigstück zu einer Kugel formen und auf den Boden einer gefetteten Briocheform (16 cm Ø am oberen Rand und 8 Ø am Boden) setzen. Eine tiefe Mulde hineindrücken. Das kleinere Teigstück zu einem länglichen Oval rollen und leicht in die Mulde der größeren Teigkugel drücken. Das Oval sollte oben leicht herausragen und nur noch als „Kopf“ zu sehen sein. Den Teig mit verquirltem Eigelb bestreichen und dann etwa 1½ Stunden bei 24 °C gehen lassen, bis er sein Volumen verdoppelt hat. Den Backofen auf 200 °C (Gas Stufe 6) vorheizen. Nun die Brioche nochmals mit verquirltem Eigelb bestreichen. 15 Minuten backen, dann weitere 30 Minuten bei 170 °C (Gas Stufe 3) backen. 5 Minuten in der Form ruhen lassen, dann aus der Form nehmen und abkühlen lassen.

HINWEIS Gut eingewickelt hält sich dieser klassische französische Teig bis zu 2 Wochen im Tiefkühlfach. Den Teig vor der weiteren Verwendung 12 Stunden im Kühlschrank auftauen lassen, dann in die gewünschte Form und Größe bringen.

Löffelbiskuit

Für ein Blech von 40 x 60 cm

4 Eier, getrennt, zzgl. 3 Eigelb
85 g Zucker
35 g Mehl
40 g Speisestärke
100 g Puderzucker zum Bestäuben

Den Backofen auf 220 °C (Gas Stufe 7) vorheizen und ein Backblech von 40 x 60 cm mit einer Silikon-Backmatte auslegen.

In einer Schüssel sieben Eigelbe mit zwei Drittel des Zuckers schaumig rühren. In einer zweiten Schüssel die Eiweiße zu weichen Spitzen schlagen, dann den restlichen Zucker einrieseln lassen und zu steifem Eischnee schlagen.

Ein Drittel des Eischnees vorsichtig unter die Eigelbe heben. Dann behutsam den restlichen Eischnee unterheben. Anschließend Mehl und Speisestärke in den Teig sieben und locker zu einem glatten Teig rühren.

Den Teig in einen Spritzbeutel mit 1 cm breiter glatter Tülle füllen und 8 cm lange Streifen im Abstand von 2 cm gerade oder diagonal auf das vorbereitete Blech spritzen. Die Streifen sollten sich nicht berühren. Sofort großzügig mit Puderzucker bestäuben und bei Zimmertemperatur 35 Minuten stehen lassen.

Die Löffelbiskuits noch einmal mit ein wenig Puderzucker bestäuben (für eine wellenartige Struktur) und in 6–8 Minuten goldgelb backen. 1 Minute auf der Silikonmatte ruhen lassen, dann vorsichtig auf ein Kuchengitter heben und abkühlen lassen.

In einer verschlossenen Dose halten sich Löffelbiskuits mindestens 1 Woche.

Löffelbiskuit-Boden Den Teig mit einer Streichpalette gleichmäßig auf der Silikonmatte verteilen und glatt streichen (nicht spritzen) und weiter verfahren wie oben beschrieben. Aus dem abgekühlten Biskuitboden mit einem Metallring kleine Kreise ausstechen und darauf Eiscremes oder Sorbets servieren.

Süßer Mürbeteig

Ergibt ca. 650 g

250 g Mehl, gesiebt
200 g weiche Butter, gewürfelt
100 g Puderzucker, gesiebt
1 Prise Salz
2 Eigelb

Das Mehl auf die Arbeitsfläche geben und in die Mitte eine Mulde hineindrücken. Butter, Puderzucker und Salz in die Mulde geben und mit den Fingerspitzen vermischen. Die Eigelb zufügen und mit den Fingerspitzen unterkneten. Nach und nach das Mehl einarbeiten und alle Zutaten zu einem glatten Teig verkneten.

Mit den Handballen den Teig kräftig durchkneten, bis er ganz glatt ist. Zu einer Kugel formen, in Frischhaltefolie einwickeln und bis zur weiteren Verwendung kühl stellen.

Dieser feine süße Mürbeteig hält sich eingewickelt 1 Woche im Kühlschrank oder bis zu 3 Monaten im Tiefkühlfach.

Einfacher Blätterteig

Ergibt ca. 1,2 kg

500 g Mehl
500 g sehr kalte Butter, gewürfelt
1 TL Salz

Das Mehl auf die Arbeitsfläche geben und in die Mitte eine Mulde hineindrücken. Butter und Salz in die Mulde geben und mit den Fingerspitzen mischen. Nach und nach das Mehl einarbeiten.

Sobald die Butterwürfel fast untergearbeitet sind und ein krümeliger Teig entstanden ist, nach und nach ¼ Liter eiskaltes Wasser zufügen und alle Zutaten zügig zu einem glatten Teig verarbeiten. Den Teig zu einer Kugel formen, in Frischhaltefolie einwickeln und 20 Minuten kühl stellen.

Die Arbeitsfläche mit Mehl bestäuben und den Teig zu einem 40 x 20 cm großen Rechteck ausrollen. Den Teig in drei Lagen falten und um 90 Grad drehen. Den Teig nochmals zu einem 40 x 60 cm großen Rechteck ausrollen und nochmals in drei Lagen falten. Nun ist der Teig zweimal gefaltet. Den gefalteten Teigblock in Frischhaltefolie wickeln und 30 Minuten kühl stellen.

Den gekühlten Teig nun noch zweimal rollen, falten und drehen. Nach insgesamt vier Durchgängen ist der Teig fertig. In Frischhaltefolie einwickeln und mindestens 30 Minuten kühl stellen.

Fest in Frischhaltefolie gewickelt hält sich der einfache Blätterteig bis zu 3 Tage im Kühlschrank und mindestens 4 Wochen im Gefrierfach.

Abreiben Eine Orangen-, Zitronen- oder Limettenschale mit einem Zestenschneider dünn abreiben. Die bittere weiße Innenhaut bleibt so an der Frucht.

Abschrecken Eine Zutat sofort nach dem Blanchieren oder Kochen in kaltes Wasser tauchen, damit sie nicht weitergart. So behält sie ihre Farbe und Konsistenz.

Aromatisieren Einer Flüssigkeit, z. B. beim Zuckersirup, wenn Früchte pochiert werden oder bei der Milch, die für einen Pudding aufgekocht wird, werden Aromen zugeben – etwa Kräuter, Gewürze oder Vanilleschoten –, um der Speise ein feines Aroma zu verleihen. Die Flüssigkeit wird meist mit den Aromen bis kurz vor dem Siedepunkt erwärmt und dann beiseitegestellt, damit die Aromen gut durchziehen können.

Bänderartige Struktur Ein Holzlöffel oder Schneebesen hinterlässt in Schlagsahne oder in einem schaumigen Biskuitteig beim Herausnehmen eine deutliche Spur. Wurde die cremige Masse ausreichend lange geschlagen, fällt sie nun bänderartig vom Holzlöffel oder Schneebesen.

Blanchieren Eine Zutat für 30–60 Sekunden in kochendes Wasser tauchen und dann in kaltem Wasser abschrecken, um die Haut abzulösen (z. B. von Pfirsichen) oder um die Zutat vorzugaren.

Blind backen Einen unbelegten Teigboden vor dem Füllen halb oder ganz fertig backen. Dazu den Teigboden vor dem Backen mit Backpapier auslegen und mit Backerbsen aus Keramik oder getrockneten Hülsenfrüchten füllen. Backerbsen und Hülsenfrüchte später entfernen und den Tortenboden zum Trocknen zurück in den Backofen schieben (oder den Boden fertig backen, falls die Füllung nicht mitgebacken wird).

Butter Eine Backform oder ein Backblech mit zerlassener oder weicher Butter einpinseln.

Butter, geklärte Butter vorsichtig schmelzen und aufkochen lassen. Die Butter durch ein mit einem Stück Musselin ausgelegtes Sieb streichen, sodass der milchige Bodensatz im Topf verbleibt.

Coulis Eine feine Fruchtsauce, meist aus gemischten Früchten mit etwas Zuckersirup.

Glasieren Die Oberfläche eines Teigs (oder eines anderen Lebensmittels) einpinseln oder bestäuben, damit sie Farbe annimmt und schön glänzt. Häufig wird verquirltes Eigelb verwendet. Blätterteig wird häufig mit Puderzucker bestäubt und im sehr heißen Backofen karamellisiert, damit sich eine Glasur bildet.

Julienne Sehr feine Streifen – meist von Zitrusschalen, aber auch von sehr fein geschnittenen Kräutern.

Karamellisieren Zucker erhitzen, bis er sich auflöst und karamellisiert. Bezeichnet auch das Bräunen von natürlichem Fruchtzucker oder von Zuckerguss.

Mazerieren Früchte in Sirup (eventuell mit Alkohol aromatisiert) tränken bzw. einweichen lassen.

Papierkreis Ein Kreis aus Backpapier mit einem kleinen Loch in der Mitte zuschneiden. Er wird auf Früchte in Pochierflüssigkeit aufgelegt (o. Ä.). So können die Früchte in der Flüssigkeit verbleiben und der Dampf kann austreten. Dazu einen entsprechend großen Papierkreis zusammenfalten, die Spitze abschneiden, auseinanderfalten und auflegen (siehe Abbildung).

Reduzieren Eine Flüssigkeit aufkochen und eine Weile köcheln lassen. Das Wasser verdampft und die Flüssigkeit dickt ein.

Rösten Nüsse auf einem Backblech verteilen und im Backofen bei 180 °C (Gas Stufe 4) 10 Minuten backen, bis die Nüsse gleichmäßig gebräunt sind. Zwischendurch das Blech mehrmals rütteln.

Spitzsieb Ein konisch zulaufendes Sieb, wird verwendet um Mischungen fein zu passieren.

Unterheben Eine Masse mit einem Teigspatel locker unter eine andere mischen. Dabei behutsam arbeiten, damit die Masse ihre luftige und lockere Konsistenz behält.

Verquirltes Eigelb Ein Eigelb leicht mit 1 Esslöffel Milch verquirlen und vor dem Backen den Teig damit einpinseln.

Wasserbad Auf dem Herd steht ein Topf mit kochendem oder heißem Wasser. Darauf wird eine Schüssel gestellt, in der köstliche Puddings gekocht oder feine Saucen warm gehalten werden. Durch den Wasserdampf wird die Masse in der Schüssel sanft erhitzt. Beim Wasserbad im Backofen wird ein Backblech über eine Fettpfanne mit heißem Wasser gesetzt.

Register

Ananas:
Ananas mit Gewürznelken und chinesischen Gewürzen 28, Geeistes Ananas-Soufflé mit Brombeeren 132, Ananas-Zimt-Sorbet 136, Ananas-Brombeeren-Pie 208
Anis:
Anis-Parfait 189, Macaroons mit Anis-Parfait-Füllung 190
Anislikör (Sambuca):
Tiramisu im Glas mit kandierten Maronen 78
Apfel:
Apfelsauce mit Rosmarin 23, Herbstlicher Apfel-Crumble 40, Apfelgelee 46, Gebackene Banane mit Apfelgelee und Blaubeerkompott 48, Bayerische Creme mit Karamell und Safran-Bratäpfeln 198, Pies mit herbstlicher Fruchtfüllung 214, Tarte Tatin 220
Aprikosen:
Aprikosen-Cognac-Mousse mit karamellisierten Mandeln 184, Aprikosentarte 205, Aprikosen-Sandtörtchen 206

Baiser:
Baisernester 149, Mandel-Baisers 149, Schokoladen-Baisers 149, Himbeer-(oder Zitronen-) Baisers 149, Petits-Fours-Baisers 149, Pflaumen-Baisers 150, Baiser-Frucht-Torte à la Anna Pawlowa 156, Baiser-Beeren-Türmchen 158
Banane:
Banane, gebacken, mit Apfelgelee und Blaubeerkompott 48, Bananen-Soufflé-Crêpes mit Schokoladensauce 114
Bayerische Creme:
mit Mango 192, mit Himbeeren 195, mit Birnen 195, mit Karamell und Safran-Bratäpfeln 198
Beeren:
Quarkcreme mit Beeren und Passionsfrucht 34, Gebackene Banane mit Apfelgelee und Blaubeerkompott 48, Fruchtgelee aus roten Beeren 53, Crêpes mit Sommerbeeren 111, Beeren-Beignets 118, Baiser-Beeren-Türmchen 158, Schokoladen-Mousse mit Lavendel-Sahne und Beerenkompott 180, Rote-Beeren-Tarte 221
Birne:
Birne, pochiert, mit Dattel-Feigen-Füllung 30, Birnenpüree mit Kastanien und Zimt 38, Birnen-Soufflés mit Pistazien 92, Birnentaschen 116, Bayerische Creme mit Birnen 195
Birnenbrand (Eau-de-Vie Williamsbirne):
Birnen-Soufflés mit Pistazien 92
Biskuit:
Biskuitrolle 168, Himbeer-Mandelbiskuits 267
Biskuitteig: Eisbombe Alaska 157
Mandel-Biskuitboden 276:
Quark-Mousse mit Thymian-Pfirsichen 182
Schokoladen-Biskuitboden:
Schokoladen-Mousse-Torte mit Kirschen 250
Blätterteig 281:
Birnentaschen 116, Pies mit herbstlicher Fruchtfüllung 214, Pflaumen-Törtchen 216, Feigen im Blätterteigmantel 218, Tarte Tatin 220, Erdbeer-Creme-Schnitten 223
Blutorangen-Sorbet 134
Bretonische Törtchen 237
Brickteig:
Rote-Beeren-Tarte 221
Briocheteig 278:
Pain perdu 99
Brombeeren:
Brombeersauce 21, Kirsch-Zabaione mit Früchten der Saison 69, Geeistes Ananas-Soufflé mit Brombeeren 132, Anis-Parfait 189, Macaroons mit Anis-Parfait-Füllung 190, Ananas-Brombeeren-Pie 208, Pies mit herbstlicher Fruchtfüllung 214, Rote-Beeren-Tarte 221

Chantilly, Crème 272:
Waffelschalen mit Rhabarber-Himbeer-Füllung 33, Erdbeertarte 205
Charlotte, Mango 166
Cognac/Weinbrand:
Waffelschalen mit Rhabarber-Himbeer-Füllung 33, Maronencreme mit Karamellsauce 60, Aprikosen-Cognac-Mousse mit karamellisierten Mandeln 184, Schokoladen-Mandel-Splitter 256
Creme:
Quarkcreme mit Beeren und Passionsfrucht 34, Erdbeer-Creme 59, Maronencreme mit Karamellsauce 60, Kaffee-Karamell-Creme 70, Katalanische Creme 72, Crème brûlée mit Ingwer 75, Zitronencreme 81
Crème Anglaise 56–58:
Vanille-Eiscreme 126–129, Eisbombe Alaska 157, Schwimmende Inseln mit Rhabarber 161, Schokoladen-Mousse mit Lavendel-Sahne und Beerenkompott

180, Erdbeer-Creme-Schnitten 223, Schokoladen-Mousse-Torte mit Kirschen 250
Crêpes 108–111:
mit Mandelcreme 111, mit Sommerbeeren 111, Bananen-Soufflé-Crêpes mit Schokoladensauce 114, Birnentaschen 116
Crumble:
Herbstlicher Apfel-Crumble 40
Crumpets mit Johannisbeeren 122

Eisbombe Alaska 157
Eiscremes 124–143:
Vanille-Eiscreme 126–129, Ingwer-Eiscreme 129, Zimt-Eiscreme 129, Lavendel-Eiscreme 129, Schokoladen-Eiscreme 129
Erdbeeren:
Erdbeer-Creme 59, Limetten-Mousse mit Walderdbeeren 174, Erdbeertarte 205, Rote-Beeren-Tarte 221, Erdbeer-Creme-Schnitten 223
Exotische Fruchtspieße 35

Feige:
Pochierte Birne mit Dattel-Feigen-Füllung 30, Panna cotta mit Feigen und Honig 76, Nougat-Parfait mit gebackenen Feigen 188, Feigen im Blätterteigmantel 218
Filetieren von Zitrusfrüchten 14
Filoteig:
Rote-Beeren-Tarte 221
Französisches Baiser 146–149:
Pflaumen-Baisers 150, Baiser-Frucht-Torte à la Anna Pawlowa 156, Baiser-Beeren-Türmchen 158

Gebackene Banane mit Apfelgelee und Blaubeerkompott 48
Gebackene Honigpfirsiche mit Sternanis 27
Geeistes Ananas-Soufflé mit Brombeeren 132
Gekochter Pudding mit Pfütze 104
Gelee:
Apfelgelee 46, Gebackene Banane mit Apfelgelee und Blaubeerkompott 48, Zitrusfrucht in Weingelee 50, Fruchtgelee aus roten Beeren 53, Fruchtgelee aus schwarzen Johannisbeeren 259
Genueser Biskuit 162:
Schokoladen-Himbeer-Trifle 64
Gewürz-Creme 58
Gewürznelken:
Ananas mit Gewürznelken und chinesischen Gewürzen 28, Birnentaschen 116, Geeistes Ananas-Soufflé mit Brombeeren 132, Süßkartoffel-Pie mit Ahornsirup und Whisky 210, Pies mit herbstlicher Fruchtfüllung 214, Kataifi 228, Pain d'épices 241, Schokoladen-Mousse-Torte mit Kirschen 250
Granitas:
Kaffee-Orangen-Granitas in Schokotropfen 142
Grapefruit-Ingwer-Zabaione 69

Haselnüsse:
Baiser-Frucht-Torte à la Anna Pawlowa 156, Bayerische Creme mit Mango 192, Haselnuss-Baiser 277
Herbstlicher Apfel-Crumble 40
Herbstlicher Früchteauflauf 44
Himbeeren:
Himbeersauce 21, Waffelschalen mit Rhabarber-Himbeer-Füllung 33, Schokoladen-Himbeer-Trifle 64, Himbeer-Baisers 149, Himbeer-Mousse 172, Zitronen-Parfait mit Himbeeren 186, Bayerische Creme mit Himbeeren 195, Schokoladen-Himbeer-Tarte 211, Rote-Beeren-Tarte 221, Feine Himbeer-Mandelbiskuits 267
Himbeerbrand (Himbeer-Eau-de-Vie):
Himbeer-Mousse 172
Honig:
Honigpfirsiche, gebacken, mit Sternanis 27, Panna cotta mit Feigen und Honig 76, Nougat-Parfait mit gebackenen Feigen 188, Bretonische Törtchen 237, Pain d'épices 241, Madeleines mit Honig und rosa Pfeffer 262
Lavendelhonig: Quark-Mousse mit Thymian-Pfirsichen 182, Aprikosen-Sandtörtchen 206

Ingwer:
Ingwer-Creme 58, Grapefruit-Ingwer-Zabaione 69, Crème brûlée mit Ingwer 75, Ingwer-Eiscreme 129, Pain d'épices 241
Italienisches Baiser 152:
Geeistes Ananas-Soufflé mit Brombeeren 132, Eisbombe Alaska 157, Mango-Charlotte 166, Himbeer-Mousse 172, Limetten-Mousse mit Walderdbeeren 174, Bayerische Creme mit Mango 192

Johannisbeeren:
Johannisbeersauce 20, Fruchtsauce aus schwarzen Johannisbeeren 21, Crumpets mit Johannisbeeren 122, Fruchtgelee aus schwarzen Johannisbeeren 259

Register

Kaffee:
Kaffee-Creme 58, Kaffee-Karamell-Creme 70, Tiramisu im Glas mit kandierten Maronen 78, Kaffee-Orangen-Granitas in Schokotropfen 142, Chantilly mit Kaffee 272
Kandierter Früchtekuchen 240
Kandierte Grapefruit- oder Orangenschale 258
Karamell:
Maronencreme mit Karamellsauce 60, Kaffee-Karamell-Creme 70, Bayerische Creme mit Karamell und Safran-Bratäpfeln 198, Karamellsauce 275
Kardamom:
Kardamom-Reis-Puddings mit Mandarinen 101, Pain d'épices 241, Schokoladensauce 274
Kastanien:
Birnenpüree mit Kastanien und Zimt 38
Kataifi 228
Katalanische Creme 72
Katzenzungen mit Schokoladenguss 266
Kirschen:
Kirsch-Zabaione mit Früchten der Saison 69, Kirsch-Clafoutis 121, Kandierter Früchtekuchen 240, Schokoladen-Mousse-Torte mit Kirschen 250
Kirschwasser:
Geeistes Ananas-Soufflé mit Brombeeren 132, Himbeer-Mousse 172
Konditorcreme 273:
Erdbeertarte 205, Aprikosentarte 205, Pflaumen-Törtchen 216, Windbeutel-Pyramide 226
Kuchen 230–251:
Zitronenkuchen 232, Kandierter Früchtekuchen 240, Schwedischer Käsekuchen 245, New Yorker Käsekuchen 246

Lavendel:
Lavendel-Eiscreme 129, Schokoladen-Mousse mit Lavendel-Sahne und Beerenkompott 180, Aprikosen-Sandtörtchen 206
Limette:
Limetten-Mousse mit Walderdbeeren 174, Mousse von weißer Schokolade mit Kaffirlimette 177
Löffelbiskuit-Teig 279:
Mango-Charlotte 166, Bayerische Creme mit Karamell und Safran-Bratäpfeln 198

Macaroons mit Anis-Parfait-Füllung 190
Madeleines mit Honig und rosa Pfeffer 262
Mandel-Biskuitboden 276
Mandelcreme 273:
Crêpes mit Mandelcreme 111, Feigen im Blätterteigmantel 218, Mandelgebäck 261
Mandelgebäck 261
Mandeln:
Mandel-Baisers 149, Aprikosen-Cognac-Mousse mit karamellisierten Mandeln 184, Nougat-Parfait mit gebackenen Feigen 188, Schokoladen-Mandel-Splitter 256, Mandelgebäck 261, Katzenzungen mit Schokoladenguss 266, Himbeer-Mandelbiskuits 267, Mandel-Tuiles 269, Mandelcreme 273, Mandel-Biskuitboden 276, Haselnuss-Baiser 277
Mandel-Tuiles 269
Mango:
Baiser-Frucht-Torte à la Anna Pawlowa 156, Mango-Charlotte 166, Bayerische Creme mit Mango 192
Maronen:
Maronencreme mit Karamellsauce 60, Tiramisu im Glas mit kandierten Maronen 78
Melone:
Melonen-Paprika-Gazpacho 37, Minz-Melone-Sorbet 136
Minze:
Minz-Creme 58, Minz-Melone-Sorbet 136, Zitronen-Parfait mit Himbeeren 186
Mousses:
Himbeer-Mousse 172, Limetten-Mousse mit Walderdbeeren 174, Mousse von weißer Schokolade mit Kaffirlimette 177, Schokoladen-Mousse mit Lavendel-Sahne und Beerenkompott 180, Quark-Mousse mit Thymian-Pfirsichen 182, Aprikosen-Cognac-Mousse mit karamellisierten Mandeln 184, Schokoladen-Mousse-Torte mit Kirschen 250
Mürbeteig, süß 281:
Feine Zitronentarte 202, Ananas-Brombeeren-Pie 208, Schokoladen-Himbeer-Tarte 211
Muskatnuss:
Gebackene Honigpfirsiche mit Sternanis 27, Pies mit herbstlicher Fruchtfüllung 214, Pain d'épices 241

Orangen-Butter-Sauce 274
Orangenlikör (Grand Marnier):
Orangen-Soufflés 84, Eisbombe Alaska 157, Windbeutel-Pyramide 226, Orangen-Butter-Sauce 274, Schokoladensauce 274
Orangen-Soufflés 84–87

Pain d'épices 241
Pain perdu 99
Panna cotta 76:
mit Feigen und Honig 76, mit Vanille-Espresso 76
Parfaits:
Zitronen-Parfait mit Himbeeren 186, Nougat-Parfait mit gebackenen Feigen 188, Anis-Parfait 189, Macaroons mit Anis-Parfait-Füllung 190
Pastislikör (Ricard oder Pernod):
Anis-Parfait 189
Pekannus-Brownies 244
Petits-Fours-Baisers 149
Pflaumen:
Pflaumen-Baisers 150, Pies mit herbstlicher Fruchtfüllung 214, Pflaumen-Törtchen 216
Pies:
Ananas-Brombeeren-Pie 208, Süßkartoffel-Pie mit Ahornsirup und Whisky 210, Pies mit herbstlicher Fruchtfüllung 214
Pistazien:
Pistazien-Creme 58, Zitronencreme 81, Birnen-Soufflés mit Pistazien 92
Pochierte Birne mit Dattel-Feigen-Füllung 30
Puddings:
Kardamom-Reis-Puddings mit Mandarinen 101, Gekochter Pudding mit Pfütze 104

Quark:
Quarkcreme mit Beeren und Passionsfrucht 34, Quark-Sorbet mit Thymian-Aromen 137, Quark-Mousse mit Thymian-Pfirsichen 182

Rhabarber:
Waffelschalen mit Rhabarber-Himbeer-Füllung 33, Rhabarber-Soufflé 87, Schwimmende Inseln mit Rhabarber 161
Ricottakäse:
Quarkcreme mit Beeren und Passionsfrucht 34
Rosmarin:
Apfelsauce mit Rosmarin 23, Feigen im Blätterteigmantel 218
Rote-Beeren-Tarte 221
Rum:
Pochierte Birne mit Dattel-Feigen-Füllung 30, Zitronenkuchen 232, Bretonische Törtchen 237

Saucen:
Johannisbeersauce 20, Fruchtsauce aus schwarzen Johannisbeeren 21, Apfelsauce mit Rosmarin 23, Brombeersauce 21, Orangen-Butter-Sauce 274, Himbeersauce 21, Schokoladensauce 274, Karamellsauce
Schokolade:
Schokoladen-Creme 58, Schokoladen-Himbeer-Trifle 64, Schokoladen-Whisky-Soufflé 87, Schokoladen-Fondants 96, Bananen-Soufflé-Crêpes mit Schokoladensauce 114, Schokoladen-Eiscreme 129, Schokoladen-Sorbet 138, Kaffee-Orangen-Granitas in Schokotropfen 142, Schokoladen-Baisers 149, Mousse von weißer Schokolade mit Kaffirlimette 177, Schokoladen-Mousse mit Lavendel-Sahne und Beerenkompott 180, Schokoladen-Himbeer-Tarte 211, Pekannus-Brownies 244, Schokoladen-Mousse-Torte mit Kirschen 250, Schokoladen-Trüffel 254, Schokoladen-Mandel-Splitter 256, Katzenzungen mit Schokoladenguss 266, Crème Chantilly mit Schokolade 272, Schokoladen-Konditorcreme 273, Schokoladensauce 274
Schwedischer Käsekuchen 245
Schwimmende Inseln mit Rhabarber 161
Sorbet 124,143:
Blutorangen-Sorbet 134, Fruchtsorbet-Variationen 136, Minz-Melone-Sorbet 136, Ananas-Zimt-Sorbet 136, Quark-Sorbet mit Thymian-Aromen 137, Schokoladen-Sorbet 138
Soufflés 82–105:
Orangen-Soufflés 84–87, Rhabarber-Soufflé 87, Schokoladen-Whisky-Soufflé 87, Passionsfrucht-Kiwi-Soufflé 90, Birnen-Soufflés mit Pistazien 92, Bananen-Soufflé-Crêpes mit Schokoladensauce 114, Geeistes Ananas-Soufflé mit Brombeeren 132
Sternanis:
Gebackene Honigpfirsiche mit Sternanis 27, Ananas mit Gewürznelken und chinesischen Gewürzen 28, Gewürz-Creme 58, Ananas-Brombeeren-Pie 208
Süßkartoffel-Pie mit Ahornsirup und Whisky 210

Tartes 200–229:
Zitronentarte 202, Zitronentarte mit Basilikum 204, Erdbeertarte 205, Aprikosentarte 205, Schokoladen-Himbeer-Tarte 211, Pflaumen-Törtchen 216, Tarte Tatin 220, Rote-Beeren-Tarte 221

Register

Teigtaschen, Taschen 106–123:
Birnentaschen 116
Tiramisu im Glas mit kandierten Maronen 78
Thymian:
Quark-Sorbet mit Thymian-Aromen 137, Quark-Mousse mit Thymian-Pfirsichen 182
Torte, Törtchen 230–251:
Baiser-Frucht-Torte à la Anna Pawlowa 156, Aprikosen-Sandtörtchen 206, Bretonische Törtchen 237, Schokoladen-Mousse-Torte mit Kirschen 250
Trocknen von Früchten 16

Vanille-Eiscreme 126–129
Vanilleschote:
Crème Anglaise 56, Panna cotta mit Feigen und Honig 76, Kirsch-Clafoutis 121, Eisbombe Alaska 157, Aprikosen-Cognac-Mousse mit karamellisierten Mandeln 184, Kandierter Früchtekuchen 240, New Yorker Käsekuchen 246, Katzenzungen mit Schokoladenguss 266, Feine Himbeer-Mandelbiskuits 267, Mandel-Tuiles 269, Crème Chantilly 272, Konditorcreme 273, Karamellsauce 275

Waffelschalen mit Rhabarber-Himbeer-Füllung 33
Walnüsse:
Kataifi 228
Warme Schokoladen-Fondants 96
Wein:
Zitrusfrucht in Weingelee 50, Schokoladen-Himbeer-Trifle 64, Zabaione 66
Whisky:
Schokoladen-Whisky-Soufflé 87, Süßkartoffel-Pie mit Ahornsirup und Whisky 210
Windbeutel-Pyramide 226

Zabaione 54–81:
Zabaione 66, Kirsch-Zabaione mit Früchten der Saison 69, Grapefruit-Ingwer-Zabaione 69
Zimt:
Birnenpüree mit Kastanien und Zimt 38, Katalanische Creme 72, Zimt-Eiscreme 129, Ananas-Zimt-Sorbet 136,
Zitronen:
Zitronencreme 81, Zitronen-Baisers 149, Zitronen-Parfait mit Himbeeren 186, Zitronentarte 202, Zitronentarte mit Basilikum 204, Zitronenkuchen 232
Zitronenlikör (Limoncello):
Zitronen-Parfait mit Himbeeren 186

Dank

Ich möchte den folgenden Personen ganz herzlich danken. Sie alle haben an der Entstehung dieses Buches mitgearbeitet:

Richard Guérin, ein junger, hochbegabter Meister-Konditor, **Douglas Gregory**, mein Chef-Tourier, und **Michael Nizzero**, mein Sous-Chef, die mir halfen, die Desserts für die Fotos vorzubereiten.
Martin Brigdale, dessen exzellente Fotos mich wieder einmal mit Bewunderung erfüllen. Er schafft Fotografien, die zum Nachkochen meiner Rezepte animieren.
Mary Evans, eine wahre Künstlerin, die weiß, wie man das Beste aus mir herauskitzelt, und mich sicher durch das Projekt führte.
Janet Illsley, die mit Ruhe und Fachkompetenz das Buchprojekt koordinierte und mir in allen Phasen Beistand bot.
Sally Somers, die meinen Text schnell, genau und beherzt ins Englische übersetzte.
Claude Grant, die mein französisches Manuskript tippte und mit der ihr eigenen Professionalität redigierte.
Robyn Roux, meine Frau, die mit großer Geduld die englische Fassung meiner Rezepte und alle Einleitungstexte überprüfte. Sie ist mir eine immerwährende Stütze.

Küchenausstattung
Um die allerbesten Ergebnisse zu erzielen, habe ich mich für die folgenden Marken entschieden:
Elektrische Mixer – Krupps
Beschichtete Teig- und Backformen sowie Töpfe – Tefal
Töpfe – Clad. Damit gelingen Cremes, Sirups, Karamells einfach perfekt.

Für mein absolutes Lieblingsprodukt Schokolade benutze ich ausschließlich Valrhona; die Qualität der Kuvertüren ist ungeschlagen.